100万人の
教科書

理不尽な要求を黙らせる

最強の
クレーム対処術

弁護士
紀藤正樹
監修

JINGUKAN

まえがき――●クレームモンスターに屈しないヒントが満載！

「悪質なクレーマーに手を焼いています」「本当に大変なんです」

消費者問題の会合に出ていると、企業の消費者相談窓口の担当者からのこうした愚痴をよく聞きます。本書は、事例に即して、こうした悪質クレーマーに対する具体的な対処術を著した、いわゆる「マニュアル本」です。

しかし単なるマニュアル本ではありません。現実の悪質クレーマー対策は簡単ではなく、現場に即した臨機応変な対応が必要となります。大切なのは、この本の随所で取り上げた、クレーム対策への基本的な考え方です。それぞれの項にクレーム対策のポイントや一言コメントを記載しました。前提の考え方がしっかりしていれば、現場での対応を誤ることが避けられると思うからです。

そもそもクレーマーのほとんどは、善良な一般市民・消費者であり、企業に、商品開発のアイデアを教えてくれ、またヒヤリ・ハットを教えてくれる大切な情報源です。その意味で、クレームをつける一般市民や消費者の活動は単なる私益の活動ではなく、公益的な面がある活動と言えます。

また悪質クレーマーであっても、セキュリティの在り方を企業に教えてくれる貴重な人たちです。この世の中に、悪のない国も社会もありません。消費者と関わる以上、悪質クレーマーを避けることはできません。企業は、クレーマーへの正しい対処術を学び、悪質クレーマーを嫌がるのではなく、彼らの存在も含め、企業をさらに発展させるための知恵を、すべてのクレーマーからいただいているというポジティブな思考が大切です。

悪質クレーマーへの嫌悪感から、真実の消費者の声をかぎ分けることができなくなることは、セキュリティやコンプライアンスを考える芽を摘むことになり、企業の成長を阻害する要因ともなりかねません。

企業の健全な成長は、社会の発展にもつながります。本書が、消費者や市民にとって、また事業者にとって、ウィンウィンなものとなるよう、活用されていくことを望みます。

2016年1月

監修者　弁護士　紀藤正樹

（東京のオフィスにて）

理不尽な要求を黙らせる
最強のクレーム対処術

目次

CONTENTS

第4章 不当な要求を回避する対応のコツ

第5章 悪質クレーマーを退治する最強の対処術

第6章 クレーム対応に役立つ効果的なフレーズ

序章

クレームの種類と対応法の基本

基礎1

良いクレームはビジネスチャンスになる

クレームは大きく分けて3種類ある

今の世の中、どの業界でもクレームとは無関係ではすまされません。

どんな人でも一度や二度はクレームの応対を迫られた経験があることでしょう。

会社員であったり、飲食店やコンビニなどの自営業に従事している人、立場は違ってもクレームは突然襲ってきます。

さて、クレームとひと口に言いましても、その内容によって対応方法が違ってきます。しかし、どんなクレームでもいえることですが、重要なことは、一番最初にどう対応するかです。

クレームは大きく分けて3つに分類されます。

一つは明らかに自分のほうに非がある場合です。このケースではいかに相手の怒りを鎮め、こちらの誠意をみせるかにかかってきます。

二つ目はその逆で、こちらにはまったく非が見つからず、明らかに言いがかりと判断されるケースです。

このようなケースに悪質クレーマーはよく現れます。悪質クレーマーは後ほど詳しく解説しますが、代替品や金品を狙ってくるものです。

悪質クレーマーの対応方法を間違えると、後々面倒なことになりますので要注意です。

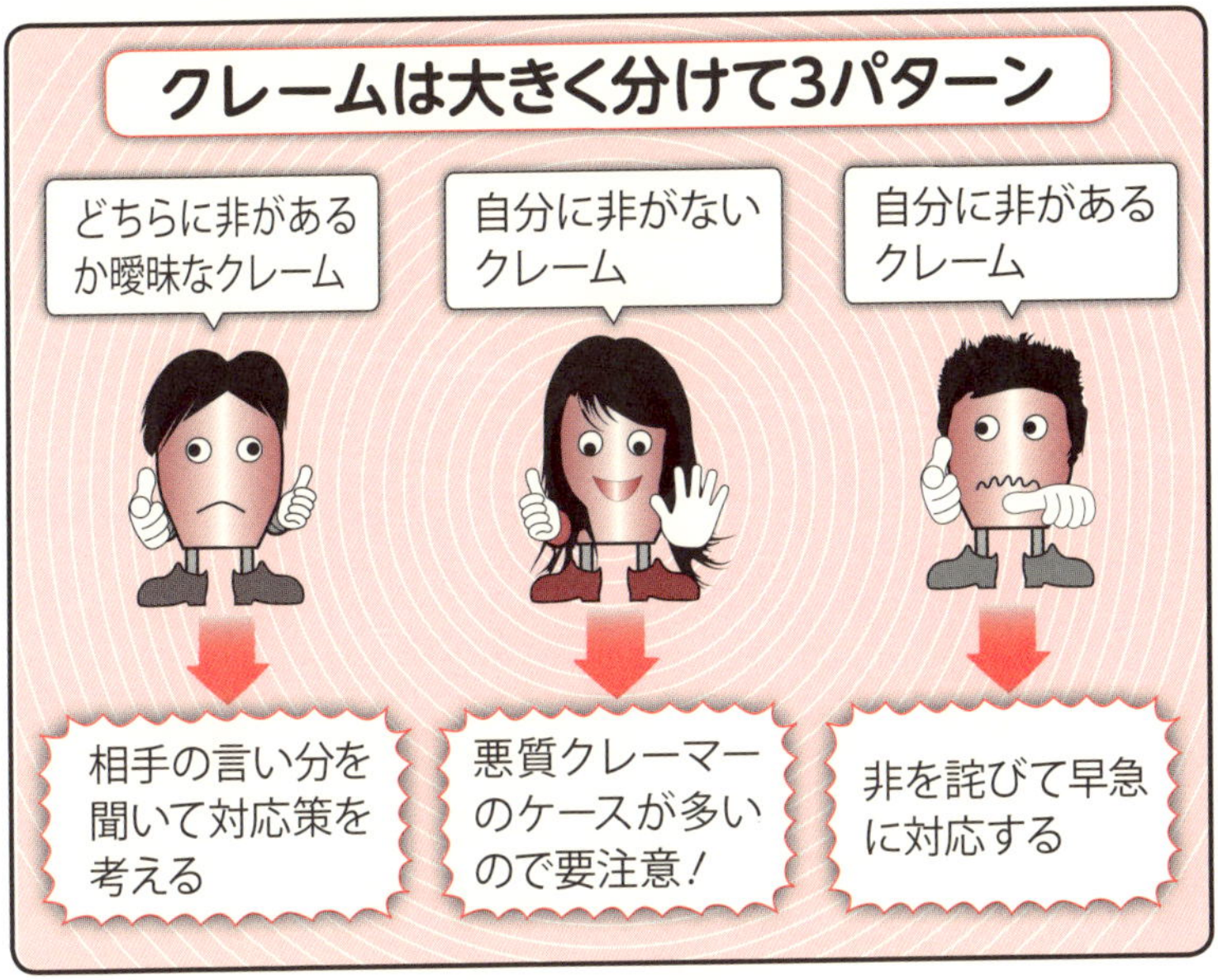
クレームは大きく分けて3パターン
どちらに非があるか曖昧なクレーム
自分に非がないクレーム
自分に非があるクレーム
相手の言い分を聞いて対応策を考える
悪質クレーマーのケースが多いので要注意！
非を詫びて早急に対応する

三つ目は、自分に非があるかどうか曖昧なケースです。相手はどんなことに不満を持ってクレームを言っているのか、しっかりとその内容を分析することが大切になってきます。

この三つ目のケースは、企業にとって次に手がける新商品開発のヒントになる場合も少なくありません。

クレームは新商品開発のヒントにもなる

最近では不満買取センターという、広く民間から世の中の不満を集めている会社が存在します。消費者からの不満を買い上げるというユニークなしくみの会社です。

集められた不満は企業に橋渡しされ、不満のない社会を目指すというのが目的とのことです。これも不満＝クレームが新しい商品開発へつながるということを証明しているといってもいいでしょう。

当然のことながら、人間はいきなり知らない相手から意見を言われると、少なからず面白くない状態になります。それは不思議なことではなく、ごく自然のことです。しかし、どんな意見に対しても腹をたててばかりいては、ビジネス社会で生き抜くことは難しいでしょう。

クレームをすべて面倒と考えてはいけない

クレームは客の意見なのです。その意見に聞く耳を持たず、敵意が感じられる応対をしたら、客も当然のことながら同じように敵意を持つことになります。

丁寧に応対していれば簡単に処理できるクレーム（＝意見）も、店員の態度が悪いなどといった理由でまったく違った内容になってしまい、収拾がつかなくなることも珍しくありません。

店や会社において、電話口で直接応対した人が原因で起きたクレームはけっして少なくないのです。

たしかに自分が原因ではない案件に関して、いきなり知らない人から「なんとかしてほしい」と言われれば、「なんで私が……」という気持ちになるのも理解できないわけではありません。しかし、クレームの対応に出た人は、店や会社の代表なのです。

中途半端な対応は、店や会社の信用を失墜させることにもなるのです。

前述の通り、クレームには「良いクレーム」が存在するのです。それを見逃す手はありません。もちろん、相手の意見に耳を傾けた結果、それが「悪いクレーム」いわゆる〝悪質クレーマー〟だったというケースも混ざっています。

クレームの種類とその対処法をしっかりと会得することは、これからのビジネス社会にとっては非常に大切な要素なのです。

特に「良いクレーム」を真摯に受け止め、意見に耳を傾けることは、自分の店や会社を発展させることにもなります。

クレームは店や会社を困らせる意見ばかりでないということを、ここで今一度肝に銘じておきましょう。

消費生活センター調べによりますと、センターに寄せられる苦情の数が10年前に比べておよそ倍になったというデータもあります。それほどクレームが増えています。

しかしクレームから生まれた商品も多数存在するのも確かです。クレーム＝意見を、ひとつのアイデアととらえた結果といえるでしょう。

クレームを馬鹿にしてはいけません。

客から発信されたクレームが、「良いクレーム」かどうかを判断することが大切なのは、そのような理由があるからなのです。

後章で詳しく解説しますが、理不尽な意見を押しつけてくる、いわゆる「悪質クレーム」には毅然とした対応をすることは言うまでもありません。

Point

1・良いクレームに耳を傾けることは、新商品開発のヒントになる

2・クレームのすべてを面倒な意見ととらえてはいけない

クレームの種類を見極めることは非常に大切！

基礎2

「担当者が不在です」が顧客を激怒させる

法律違反をしてしまったとき言い訳は事態を悪化させる

一時期社会を騒がせた食品偽装問題とは、食品に対して、賞味期限を偽って表示したり、生産地や原材料などを実際のものとは違った形で商品提供をするなどです。

そのなかのひとつに食材偽装がありました。実際に起きた事件で、大手レストランで提供している料理のメニューが、実際のメニュー表記とはまったく違う食材を用いて客に提供していたというものです。

ビーフステーキと表示されていたものが実際には牛の脂を注入した牛肉であったり、鮮魚と表示されていても冷凍保存をされていた魚が使われていた等々です。

証拠もそろっている以上、どう申し開きをしてもレストラン側に非があるのは明らかです。こうなった以上、どうしたら信用を取り戻せるか、どうしたら迷惑を被った顧客に対して具体的な対応策を提示できるかなどの対処方法が迫られます。

法律違反をしてしまった以上は、どんな抗弁も通用しません。悪いものは悪いのです。

逆ギレして「私も寝てないんだよ！」などと報道陣のカメラに向かって言ってしまい、後々問題がさらに大きくなった事件も記憶に新しいものです。

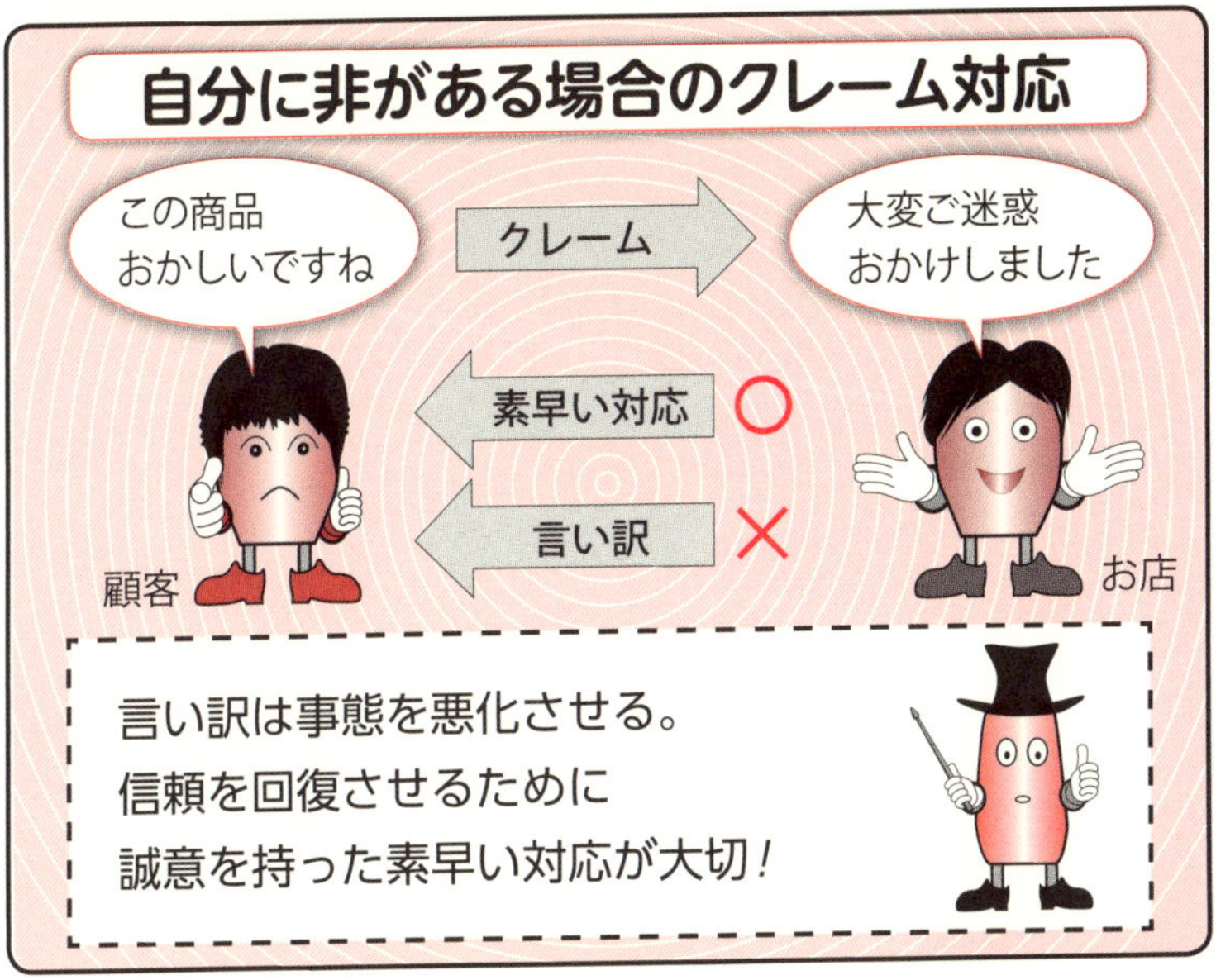
自分に非がある場合のクレーム対応
この商品
おかしいですね
クレーム
大変ご迷惑
おかけしました
素早い対応
○
言い訳
×
顧客
お店
言い訳は事態を悪化させる。
信頼を回復させるために
誠意を持った素早い対応が大切！

素早いクレーム対応が会社の信用度をアップさせる

出版業界でたまに耳にする例とその対応方法を紹介してみましょう。

読　者「おたくの出版社の本を購入したんだけど、ページがバラバラでおかしな感じなんだよね」

出版社「誠に申し訳ありません。なんというタイトルでしょうか？」

読　者「○×著の△△△という本です」

出版社「お手数ですが、着払いで結構ですので、その本をお送り願えないでしょうか？弊社から新しいものをお届けいたします」

製本段階で何かの不具合によりページが不ぞろいになった、いわゆる乱丁本が販売ルートに混入し、それを読者が購入してしまったのです。

「そんなことはないとは思うのですが」
「どこのページとどこのページが入れ替わっていますか？」
「担当者が不在で……」
などと言い訳もどきの対応をしてしまったら、客の怒りはさらに大きなものにならないとも限りません。
製本に問題があった本が存在していることは事実なのです。客の怒りをいかに最小限に抑えるかが大切になります。
クレーム対応でうっかり使ってしまう「担当者が不在です」について、このように完全に自分側に非がある場合（この場合は出版社）は、絶対に使用してはいけないフレーズです。

上司への報告が遅れて大変な問題に発展

クレームは対応方法で小さな案件がとんでもない大きなトラブルに変わる場合があります。

弁当会社に勤めているAさんは、顧客から200個の注文を受けました。
しかし、実際に顧客の元に届いた弁当は300個でした。

顧客「弁当を注文した者だけど、200個のところ300個届いたんだけど、どういうことなんだよ。担当者のAさん、お願いします」

A「お電話代わりました、Aです」

顧客「200個のところ300個も届いたじゃないか！　昨日電話で200個って確認しただろ」

A「えっ？　電話では300個って言いませんでしたか？」

顧客「メールでもその旨は送ってあるぞ」

A「すみません、まだメールを確認してないものので…」

顧客「お前じゃダメだ、部長の○×さんを出してくれ」

A「すみません。あいにく部長が出張中で、改めてこちらからご連絡いたします」

顧客「わかったよ。じゃあ、連絡待ってるぞ」

Aは顧客とのやりとりのなかで、２００個の注文を３００個に間違えたことは明らかです。しかし自分のミスに対して言い訳ばかりしています。さらに、部長が出張中であるというウソまでついていたのです。

Aは困り果て、部長に報告するタイミングを失い、そのまま報告せずに時間ばかりが経ちました。その後、顧客から直接部長宛に連絡が入り、このミスが発覚してしまいました。

その場しのぎのウソはすぐにバレます。

しかし、そのウソが原因で事態がさらに悪化することは火を見るより明らかなのです。上司への報告を怠ると、会社全体の問題にも発展する場合もあるので注意が必要です。

Point

1・自分に非があるクレームは、非を真摯に受け止め事態収拾を第一に考える

2・その場限りの言い訳は事態をさらに悪化させることになる！

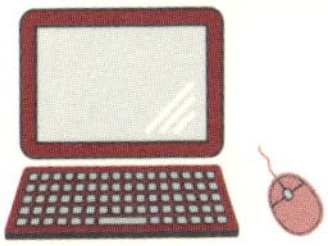

言い訳をすると顧客の怒りは倍増する！

基礎3

無理な要求をする相手は既に客ではない

一方的な都合を押しつけてくる客

ある書店で営業時間が過ぎたので、バイトの店員がまだ立ち読みをしている客に対し、

店員「誠に申し訳ありませんが、閉店時間になりましたので、店を閉めさせていただきます」

お客「おい、今すぐ出て行けっていうのか！　今、買おうか買わないか悩んでいたのに、閉店だと！　少しくらい待ってくれてもいいだろ」

店員「そうおっしゃられても、営業時間をすでに10分も過ぎておりまして……」

お客「それって、お前のところの勝手な言い分だろ」

店員「申し訳ありませんが、お帰り願えませんでしょうか？」

お客「なんだ、その失礼な言い方は！　店長呼べ！　店長を！」

困り果てたバイトの店員が店長を呼んできてもその怒りは収まらず、今度は対応したバイトの対応方法にクレームをつけてくる始末です。

明らかにこのケース、店側にはなんの落ち度もありません。丁寧な口調で店員が、閉店時間になったので店を閉める旨を客に伝えただけです。それに対していきなり文句をつけてきたのです。

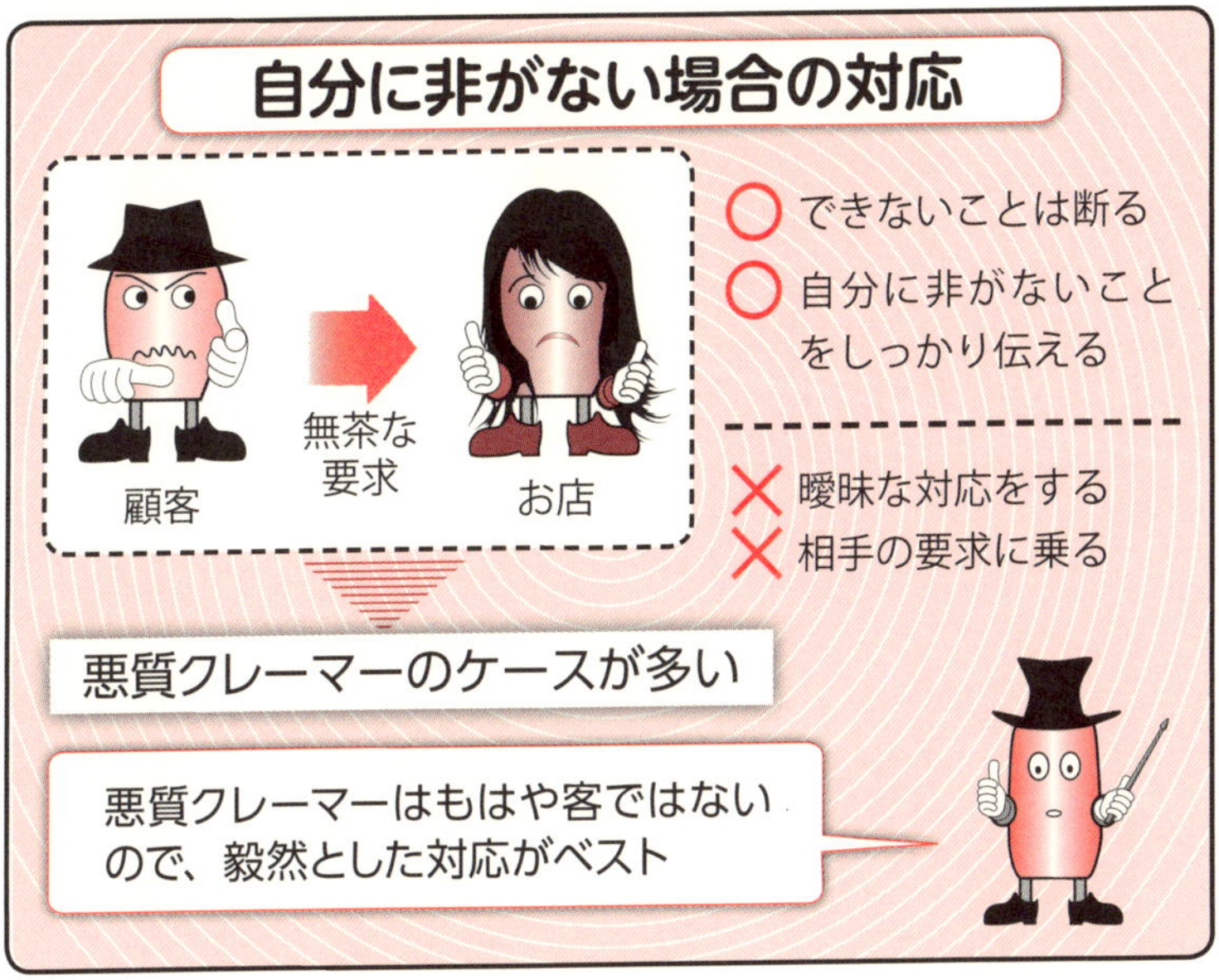
自分に非がない場合の対応
顧客
無茶な要求
お店
○ できないことは断る
○ 自分に非がないことをしっかり伝える
× 曖昧な対応をする
× 相手の要求に乗る
悪質クレーマーのケースが多い
悪質クレーマーはもはや客ではないので、毅然とした対応がベスト

このように、こちら側にはまったく非がないケースのときにはひと言、

「お客様、お望みの点はなんでございましょうか？」

と聞き返すといいでしょう。これに対して無理難題を言ってくればキッパリお断りすればいいだけです。

怒りにまかせて「そこに土下座しろ！」とか言いだす輩《やから》も現実にいます。しかし、そんな要求に応じる必要はないのです。どうしても解決の糸口が見えないようでしたら、警察に通報してみるのもひとつの手です。

無理なものを要求してくる客

ある電気店が新装開店の目玉商品として、大型テレビを先着30名に5万円という値段で売ることにしました。

店側の狙い通り、その商品を求める客は開店前から店の前に並びました。

開店1時間前にもかかわらず30名に到達、並んでいた客に対しては整理券を渡しました。その後そのテレビ目的で来店した客に対しては丁寧な言い方で、

「誠に申し訳ありません。目玉商品の整理券はすでに配布済みになっております」

と頭を下げて対応していたところ、一人の男性が近づき、

男「ここに並んでいれば5万円でテレビが買えるのかな?」
お店「すでに整理券は配布済みで、予定数は終了しております」
男「何? すると買えないってことかい? オレはこれが目的で始発電車に乗ってきたんだぞ」
お店「チラシにも、到着順に整理券をお渡しし、予定数に到達しましたら終了しますと、告知しておきました」
男「そんなこと知らない! ここまできた苦労はどうしてくれるんだ!」
お店「そうおっしゃられましても」
男「誠意をみせろよ!」

明らかに悪質クレーマー化しています。店側のチラシには「来店されましてもお求めできないケースがあります」「先着順に整理券をお渡しし30名になりましたら締め切らせてもらいます」としっかりと書かれています。

しかし、どうしても納得しないその男は、

「誠意をみせろ! どうしてくれるんだ!」

を主張するばかりです。

やはりこの場合も、

「ではお客様、どうすれば納得していただけますか?」

と逆に質問すればいいのです。

男のほうが「ここまでの交通費や迷惑料をよ

こせ」と言ったり、「俺にも5万円で売れ！」などと無理な注文をしてきたら、

「誠に申し訳ありませんが、そのような要望にはお応えできません」

とはっきり断ればいいのです。

曖昧な対応は事態の収拾にはつながらない

「実費の交通費だけならお支払いします」

などという中途半端な対応をしますと、相手はもっとつけ上がります。

すでに、

「整理券の配布は終了しました」

と告げられた人たちがそのシーンを見たりしたら、

「私にも交通費出してくれませんか」

と、次から次へと要求してこないとも限りません。

中途半端な対応は中途半端な解決にしかならないのです。

Point

1・自分に非がないときは自信を持って相手の要求は断る

2・曖昧な態度で対応すると、事態はさらに悪化することもある

できないものはできないとはっきり告げる！

基礎4

クレームは最初の対応がキーポイント

クレーム対応に大切な3つのプロセス

クレーム対応において一番多いのが、どちらに非があるかわからない、あるいは曖昧なケースです。

自分に非があるときはさらに事態を悪化させないように処理し、反対に自分に非がないときにははっきりと相手の要求を拒絶すればいいのです。

特に電話でのクレームは相手の顔も見えないため、慎重に対応しなければなりません。このようなクレームは3つの段階を経るとスムーズに対処できることが多いです。

第1段階は**「謝罪の言葉を相手にかける」**です。どんなことであれ、何か原因があり、顧客は不満を持ち、それが怒りに変わって連絡をしてくるのですから、まずは「不快な気持ちにさせて申し訳なかった」という感情を込め、お客様に謝罪の意を表するのです。

第2段階は**「相手の言い分を聞く」**です。どんなことに対して顧客は腹をたて、連絡をしてきているのかを分析するのです。

すぐに相手の話の腰を折り、話の途中で言い訳などを言うのは賢いクレーム対応とはいえません。

よく第1段階、第2段階を無視して、相手の話の言葉尻をとらえて「そんなに興奮して話さ

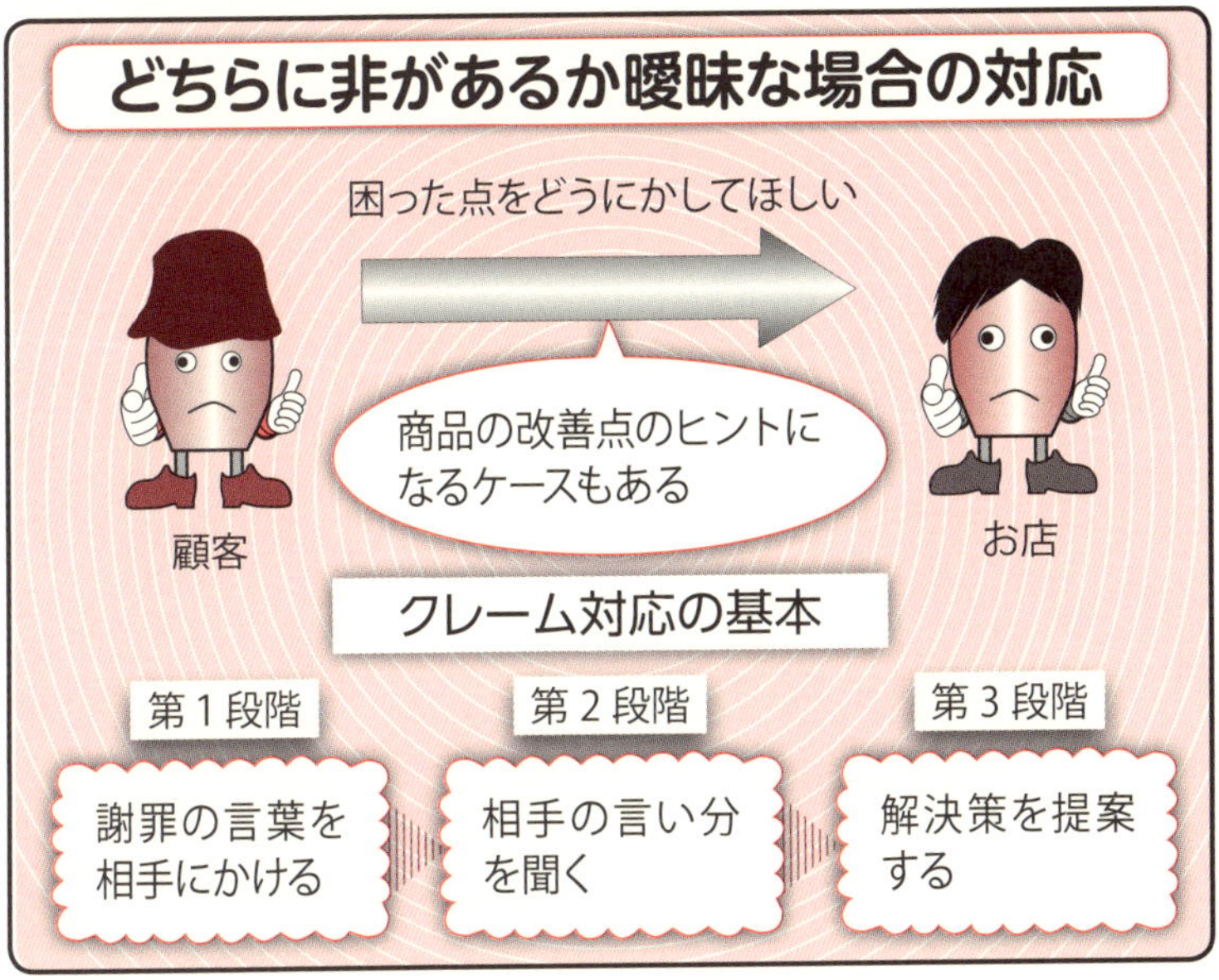
どちらに非があるか曖昧な場合の対応
困った点をどうにかしてほしい
商品の改善点のヒントになるケースもある
顧客
お店
クレーム対応の基本
第１段階
謝罪の言葉を相手にかける
第２段階
相手の言い分を聞く
第３段階
解決策を提案する

ないでくださいよ」などと顧客に対して言うと、「なんだその態度は！」とクレームとは違った方向に飛び火し、事態が悪化することも少なくないのです。

そして第3段階は、相手の言い分をしっかりと聞き、どうしたら相手が納得してくれるか**「解決策の提案」**をします。

商品の改善点を教えてくれるクレームもある

電化製品のポットで、説明書をよく読まずにお湯をこぼし、やけどをしそうになった顧客が、メーカーにクレームの電話をしてきたと仮定しましょう。

顧　客「おい、お前のところのポット使ったら、いきなりお湯が出てきてやけどしそうになったぞ」

メーカー「ご迷惑をおかけしました。やけどの

具合は大丈夫でしょうか？」（＝第1段階）

顧　客「いきなりお湯が出てきてビックリしたぞ」

メーカー「どのような経緯でお湯が飛びだしたか、お聞かせ願えないでしょうか？」（＝第2段階）

顧　客「水を入れて電源につないだら沸騰したんで、給湯のボタンをちょっと触ったら急にお湯が出てきたんだ」

メーカー「申し訳ありません。ロックのボタンがついておりませんでしたか？」

顧　客「ついているけど、それが何か？」

メーカー「お客様のほうでロックを押していただければ、突然お湯が飛びだすようなことはなかったのです。わかりづらいボタンですみません」

顧　客「ロックのボタンがあったのか」

メーカー「お客様の貴重なご意見、ありがとうございました。お客様のおかげでわかりづらい欠点が見つかりました。今後の開発に大変参考になりました。

そのアイデアがもとで新製品が完成しましたら、改めてご挨拶を差し上げるということで今回はご納得していただけませんか」（＝第3段階）

顧　客「そう……ならいいかな」

まずは顧客のやけどの心配をし謝罪から入っています（第1段階）。それからどうしてお湯が出てきたのかその原因を聞きだします（第2段階）。最終的には非常に参考になった旨を伝え、改めて挨拶をするという解決策を提案し（第3段階）、相手が納得しています。

このように、クレームを3つの段階を踏んで対応するように心がけると、うまく処理できるケースが多いものです。

忘れてはいけないことは、顧客が不満をぶつけてくるクレームのなかには、商品の改善点のヒントになるものがあるということです。たかがクレームでも、プラスに発展するクレームも潜んでいるのです。

まずは相手の不満をすべて吐きださせる

クレームを言ってくる人のほとんどは興奮した状態です。

電話口では、何を言っているのかわからない口調のケースも少なくありません。

心理学的に、まずは相手の不満をすべて吐きださせるほうが相手もスッキリして、こちらの話を聞いてもらうことにもつながるのです。

また、第1段階の「謝罪」は相手の気持ちと同調することにもなります。相手の立場になり、先ほどの例のように「やけどは大丈夫でしたか?」と心配すると、相手の怒りの気持ちを和らげる効果もあります。

Point

1・クレーム処理は３つの段階を踏んで対応するとうまくいく
2・クレームの内容によっては新商品開発のヒントが潜んでいるケースもある

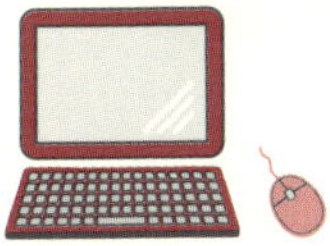

言い訳するとまとまる話もまとまらない!

基礎5

悪質クレーマーに対する規制・法律

クレームのなかには、無理難題を求めてくる悪質クレーマーの存在があります。しかし、ある一線を越えてしまうと、そのクレーマーは法律に抵触することになり、逮捕される場合もあります。

大きな声を上げたり、今にも殴りかからんばかりの勢いで迫ってきたりするケースもあります。その迫力に負け、つい相手のペースに乗ってしまうと相手の思うツボです。

クレームとはいえ、度を超した要求をしてくるクレーマーに対して、日本の法律はしっかりとガードしてくれています。

ここでは、クレームに関連する主な法律と、実際に悪質クレーマーが逮捕されてしまった事件の概要を紹介します。

不退去罪・住居侵入罪（刑法130条）

正当な理由がないのに、人の住居もしくは人の看守する邸宅、建物もしくは船舶に侵入し、または要求を受けたにもかかわらず、これらの場所から退去しなかった者は、3年以下の懲役または10万円以下の罰金に処する。

＜この法律に抵触した実例＞

兵庫県明石市の飲食店で32歳の男性客が、ラーメンと餃子を注文。店員がまず持ってきたのがラーメンだったため、男が「餃子が先だろ」と激怒しました。口論になり、客は店員につかみかかり「店長を出せ！」と怒りはさらに大きなものになりました。餃子を先に出すように注文したと主張し、頼んだ通りに餃子がこなかったとして、3時間以上も店内に居座って文句を言い続けたのです。店長が謝罪し、帰るように説得しましたが聞き入れられず、ついに110番通報され、不退去容疑罪などで逮捕となりました。とんだ仰天クレームです。

業務妨害罪（刑法233条）
威力業務妨害罪（刑法234条）

虚偽の風説を流布し、または偽計を用いて人の信用を毀損《きそん》し、またはその業務を妨害した者は、3年以下の懲役または50万円以下の罰金に処する。威力を用いて人の業務を妨害した者も、前条の例による。

＜この法律に抵触した実例＞

大手自動車メーカー系列の販売会社で車を購入した会社員の男が、運転中に事故を起こして車を破損させてしまいました。購入から3週間後のことで、ブレーキに欠陥があったのではないかと思い込み、「事故車を引き取り、代車を用意しろ！」と販売会社に要求。しかし、ブレーキの欠陥などありえないとし、会社側はその男の要求を断ったのです。会社員の怒りは増幅し、販売会社と自動車メーカーに対し「おたくの車は怖くて乗れない！」などという内容の電話を一日100回程度かけ続けたというのです。

さらにはネットに「A社の車は欠陥車だ」「人殺し企業だ」などと誹謗中傷。その虚偽の風説などにより、販売会社と自動車メーカーは警察に通報し、その男は逮捕にいたりました。

脅迫罪（刑法222条）

生命、身体、自由、名誉または財産に対し、害を加える旨を告知して人を脅迫した者は、2年以下の懲役または30万円以下の罰金に処する。

親族の生命、身体、自由、名誉または財産に対し害を加える旨を告知して人を脅迫した者も、前項と同様とする。

＜この法律に抵触した実例＞

首都圏で展開する食品販売チェーン店に40代の男性から「おたくで購入した高級ハム・ソーセージを食べて腹をこわした」と抗議の電話が入りました。「一ヵ月間会社を休んでしまったので、どう責任をとってくれるんだ」と慰謝料の請求です。会社の担当者は、「担当者が不在なので後日また連絡してほしい」と対応しました。ちょうど同社が仕入れていた有名食品会社は異物混入騒動で社会問題になっていた頃でした。

抗議した男は5日後に食品販売チェーン店を訪れ「毒入りハムで死ぬ寸前だった」と改めて「慰謝料を出せ」との要求を言ってきたのです。対応した担当者が、高級ハムを購入した領収書などの提出を求めましたが、破棄したと反発。その男は「ガマンも限界だ！」「ぶっ殺してやる！」「夜道は気をつけろよ！」などと執拗な脅しを繰り返す有り様でした。同社からの110番通報によりその男は逮捕されました。

強要罪（刑法223条）

生命、身体、自由、名誉もしくは財産に対し害を与える旨を告知して脅迫し、または暴行を用いて、人に義務のないことを行わせ、または権利の公使を妨害した者は、3年以下の懲役に処する。

＜この法律に抵触した実例＞

都内の一流ホテルのレストランで、30代のカップルが食事前に頼んだワインのグラスを、ベテランのウエイターがテーブルの上で倒すハプニングが起きてしまいました。

そのため、こぼれたワインが椅子の脇に置いてあった女性のコートに飛び散り、さらに女性の靴にまで流れ落ちるトラブルでした。

カップルの男は激高し、

「一流ホテルのウエイター失格だ！　彼女のコートと靴は高級ブランド品で100万円はくだらないぞ」

と大きな声で怒鳴りまくる展開となりました。

「謝れ！　土下座して謝れ！」

と罵声を浴びせたあと、「100万円も弁償しろ」と迫ったのです。土下座したウエイターに対し、さらに「社長を呼べ！」「100万円弁償しろ！」などと執拗に迫り続けたため、警察が駆けつける騒ぎになりその男は逮捕されました。逮捕容疑は強要罪と脅迫罪です。

あえて逮捕にまで発展してしまったケースを紹介しましたが、悪質クレーマーはあの手この手で迫ってきます。けれども日本の法律はクレーマーから弱い者を守っています。

後章では実例を挙げ、具体的な悪質クレーマーから身を守る方法を解説してあります。

Point

1・悪質クレーマーに対しては法律が守ってくれる

2・危害を受けたらためらわずに警察へ連絡するのが解決の近道

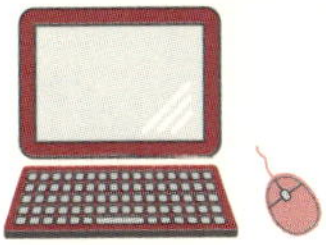

悪質クレーマーには毅然として対応する！

Column I

ちょっとしたひと言が信用を失墜させた「クレーム対応」失敗例

企業の不祥事やスキャンダルが報道され、深刻な社会問題になると、会社側は弱い立場になり、逆に苦情・クレームを言う側は心理的に追い風となります。したがって、企業の製品やサービス、さらに企業イメージの失墜を最小限に食い止めることが重要で、そのためにはより冷静で適切な対応をして沈静化を図らなければなりません。

ところが自社の製品で食中毒の被害を発生させた有名な乳製品メーカーは、その対応が消費者の反感を募《つの》らせ、会社批判が高まる結果を招いたのでした。

日頃から同社の製品やサービスに不満を持っていた消費者が、その不祥事を契機に意見や苦情の電話をかけたことを悪質クレーマーと批判したり、首脳陣の記者会見では謝罪というより、会社の責任逃れの弁明ばかりを行ったのです。そうした会社の姿勢に消費者の怒りが高まり、反響の重大さに気づいた経営者たちは退陣し、事業も縮小するハメになりました。現在、多くの企業はクレームの対応担当部署を設置し誠意ある対応をしていますが、インターネットに数多《あまた》のクレームが公開される時代です。企業としては当然のことでしょう。

第1章

クレームをスムーズに解決させる急所

鉄則1

クレームからヒット商品が生まれることもある

顔の見えない相手だからこそ対応は丁寧に

電話などでいきなり食ってかかってくるクレームも少なくありません。むしろそのほうが多いといっても過言ではないでしょう。

顔の見えない相手だからといって、いい加減な対応は後々面倒な結果になりますので、絶対にしてはいけません。

「そんなことはわかっている」と思っていても、つい激しい口調で苦言を呈してくると「なんで見ず知らずの人間にここまで言われなければ……」という心理が働き、

「いきなりそのようなことを言われましても」

と言いがちです。しかし、こうなってしまっては解決につながりません。

序章でも申し上げましたが、クレームには「良いクレーム」と「悪いクレーム」があります。悪いクレームは無理難題を言ってきて、あわよくば代替品や金品を奪い取ろうとしている、いわゆる悪質クレーマーです。

しかし、全部が全部、悪質クレーマーというわけではありません。

ちょっとした不注意から生まれた、いわゆる会社側の落ち度により、顧客に迷惑をかけてしまった例もあります。

どんな電話であれ、まずは相手の立場になって話を聞くことです。

そのひと言が相手を怒らせる
顧客
お店
担当者が不在なので…
私にはわかりかねます
新人なもので……
なんとかしてほしい
不誠実な対応
相手の気持ちはさらに悪化していく

話の内容を聞いたあと、これは明らかに「悪質クレーマーだな」と判断すれば、その時点で対応方法を切り替えればいいからです。

クレームはたしかに嫌なものです。クレーム処理が大好きでたまらない、という人はまずいないでしょう。

悪質クレーマーからのクレーム、会社側の不注意から生まれたクレーム、それ以外に結果的に会社にとってプラスに作用する「良いクレーム」も存在することを知っておきましょう。

クレームは新商品につながることもある

ネットでこんな記事を見つけました。産経デジタル〝イザ〟というページです。『「苦情」から生まれるヒット商品、クレーム「10円」で買い取る業者も』というタイトルのページです。そのページを見てみますと、

「濡れた傘を車の中に持ち込んだら、ビチョビ

チョになった」

「傘を閉じても、電車の中で濡れてしまった」

という苦情が傘メーカーに寄せられ、真摯にその言葉に向き合い、

〝ハスの葉はけっして濡れることはない。葉に落ちた雨は表面張力で玉のように丸まり、水滴となって転がり落ちる〟

という原理を応用し、水をはじく傘という新商品開発に成功したという内容です。

お客様の「不便さ」をなんとか改善したいという気持ちが、新しい発見へとつながったひとつの好例でしょう。


あるスーパーでは、客からの苦情を店の掲示板に貼りだし、悪かった点を自ら露呈し、改善をしていく姿勢をみせていました。

掲示板を見た客は、

「へえ、以前はこんな欠点もあったんだ。でも今は改善されているわね」

「悪いことを隠さない、この店は信用できるわ」

という気持ちになり、結果的にそのスーパーは繁盛店になったのです。

傘の例にしてもスーパーの例にしても、客のクレームは「不便さ」を教えてくれるヒントだったのです。

そのクレームを単なる「不満」ととらえ、真摯にそのクレームに向き合わなければ、いい結果を得ることはけっしてないのです。

クレームのなかには自らを発展させることができる「良いクレーム」が潜んでいることがおわかりいただけたと思います。

うっかり使ったひと言が相手を怒らせる

後章でまた詳しく解説しますが、

「担当者が不在でして」

「担当者は社を辞めておりまして」

「私にはわかりかねます」
「私は直接の担当ではありません」
「お客様、それは仕方ないですよ」
「新人なもので……」

このようなフレーズは、相手にとって怒りをさらに倍増させる結果になりますので、けっして使ってはいけません。

言い訳はクレーム対応で、なんの効果もないことを知っておくべきでしょう。

クレームを言ってくる人は、対応した相手は自分の「不満」「不都合」に対して何かしらの対処法を教えてくれると思っています。

その気持ちを無視した応対は、解決への道へ進むどころか、さらに事態を悪化させます。

クレーム処理の第一歩は「最初のひと言が肝心」といえる理由はここにあるのです。

もしわからない問題でしたらはっきりとその旨を相手に伝え、具体的に今後どう対応するかを伝えることが大切なのです。

Point

1・クレームのなかには自社を大きく発展させる「ヒント」が含まれている

2・言い訳に聞こえるフレーズは、クレーム対応のなかではご法度！

クレームのなかには「良いクレーム」もある！

鉄則2

良いクレームと悪いクレームの見分け方

反論すると相手はさらに激怒する

クレーム対応で大切なことは、相手が何を要求しているかを見極めることです。

クレームをつける人の心理状態のほとんどは〝怒りの状態〟にあります。その〝怒りの状態〟の本質を見極めるのが、クレーム対応の第一歩となります。

つい相手の言葉尻をとらえ、

「そうはおっしゃいますけど」

「しかし、それは違います」

と相手に対して反論を言いたい気持ちもわかります。しかしそのような反論の言葉を相手に投げかけてしまうと、〝怒りの状態〟がさらに強烈な〝激怒の状態〟に増大し、まとまる話もまとまらなくなります。

前項でも申し上げましたが、何に対してクレームを言っているのかを見極めなければなりません。それには相手に何も反論せずに、時には相づちを打ちながら聞くことです。

そうすることで、相手の気持ちも安らぎ、徐々にではありますが、冷静な判断ができる状態になります。

相手は電話の場合であれ、対面のケースであれ、初対面の場合がほとんどです。99％初対面といっても過言ではないでしょう。

街中で肩が触れたとかの原因で口論になる

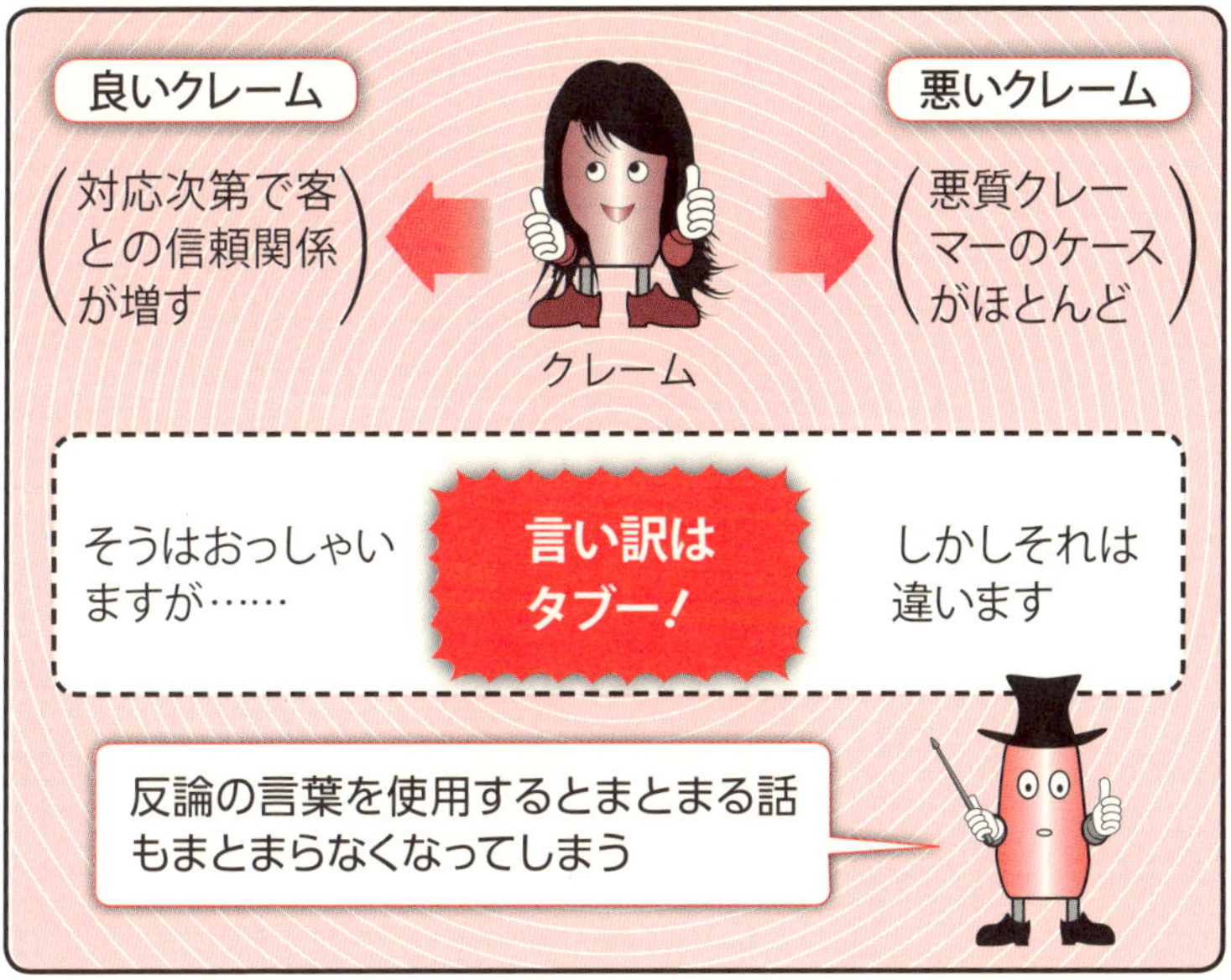
良いクレーム
対応次第で客との信頼関係が増す
悪いクレーム
悪質クレーマーのケースがほとんど
クレーム
そうはおっしゃいますが……
言い訳はタブー！
しかしそれは違います
反論の言葉を使用するとまとまる話もまとまらなくなってしまう

ケースもそのほとんどが初対面です。

その初対面の相手から、

「おい、今ぶつかってきただろう」

と言われて、

「そっちこそぶつかってきたじゃないか！」

と反論の言葉をかけるからケンカになるのです。このような状況ではお互いが熱くなり、〝怒り心頭状態〟が両者に芽生え、最終的には殴り合いのケンカにまで発展してしまうのです。

電車の中で足を踏まれたとき、ほとんどの人は、内心穏やかではないはずです。なかには

「おい、足を踏んでおいて知らんぷりかよ！」

と相手に文句を言う人も少なくありません。

しかし足を踏んだ人から、

「あっ、すいません、大丈夫ですか？」

と声をかけられたらどうでしょうか？

おそらく、

「あっ、大丈夫です」

と、怒りの心理は消えるはずです。人間は無

視をされると、怒る心理状態になる傾向にあります。そして認められると喜びの心理状態になるのです。

悪質クレームの見極めは要求内容にある

何か不都合が生じてクレームを言ってくる場合、クレームを言ってくる人は、その「不都合」が解決できれば、通常の場合は納得して引き下がるものです。しかし悪質クレーマーの目的は、その「不都合」が解決できるかどうかが問題ではありません。

クレーマー「昨日、マッサージを受けたんだけど、かえって腰が痛くなったぞ」

店　員「ご迷惑をおかけします。お客様、腰はどのような具合ですか」

クレーマー「大丈夫でないからこうして電話してるんだろ」

店　員「どのようなマッサージを受けられたか、具体的にお教え願えませんか？」

クレーマー「具体的も何も、今こうして腰が痛いんだよ。どうしてくれるんだよ」

店　員「どのような具合なのか、詳しくお教え願えませんか？」

クレーマー「だから、腰が痛いって言ってるんだよ！」

このクレーマーは明らかに「悪質クレーマー」です。

もし本当に間違った方法でマッサージを受けて腰が痛くなり、それに対してなんとかしてほしいという気持ちで電話をかけてきたのであれば、しっかりと店員の質問に答えるはずです。

しかしこの場合、店員の話にはまったく聞く耳を持たず、「どうしてくれるんだ」という見返りを要求するフレーズを言っています。

これからいろいろなパターンの「悪質クレー

マーの種類と対応方法」について解説しますが、「悪質クレーマー」は客ではないのです。

このような相手に、まともに受け答えをするのは時間の無駄です。

さっさと交渉を打ち切るのがベストです。

なかなか引き下がらないクレーマーや、怒鳴り散らしたり暴言を吐き続ける輩も実際に存在します。

序章でも説明しましたが、弱い立場には法律がしっかりと守ってくれていることを肝に銘じておくと、オドオドせず毅然とした対応ができるはずです。

悪質クレーマーは少しでもこちらが弱みを見せると、その弱みを逆手にとり、さらに付け込んでくるので要注意です。

いろいろな理不尽な要求を突きつけたり、返答に困るような質問をし続け、相手が弱みを見せるのを待っているのが、悪質クレーマーの特徴なのです。

Point

1・クレームを言ってきた相手が「悪質クレーマー」かどうかを見極める

2・クレーム内容と関係ない要求をしてきたら「悪質クレーマー」の可能性は大！

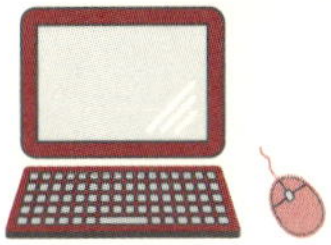

悪質クレーマーと判断したら、こちらでできることだけ伝えて交渉は打ち切る！

鉄則3

やさしい口調のクレームにある落とし穴

おとなしいからといって上から目線はNG

クレームを言ってくる人のなかには静かな口調で話してくる人もいます。丁寧な口調で話してくるからといって、「あっ、おとなしそうだから、このクレームは簡単に対処できるな」なんて軽く考えてはいけません。口調とクレームの内容は別物なのです。

静かな口調で話しているから、あまり困っていないクレーム、激しい口調で話しているから相当困っているクレームではないのです。

お　客「お忙しいところ申し訳ありません。昨日○△デパートで御社の最中《もなか》を購入したものですが、箱を開《あ》けたところ、外箱と中身が違っていましたのでお電話しました。恐れ入りますが、ご担当者いらっしゃいますか？」

担当者「店舗担当です。外箱と中身が違っているのですか？　どのような違いがありましたか？」

お　客「箱には白あん5つ、黒あん3つと書かれているのですが、実際には白あんと黒あんが4つずつ入っていました」

担当者「そうですか。黒あんのほうが人気のある商品で、価格も黒あんのほうが高い

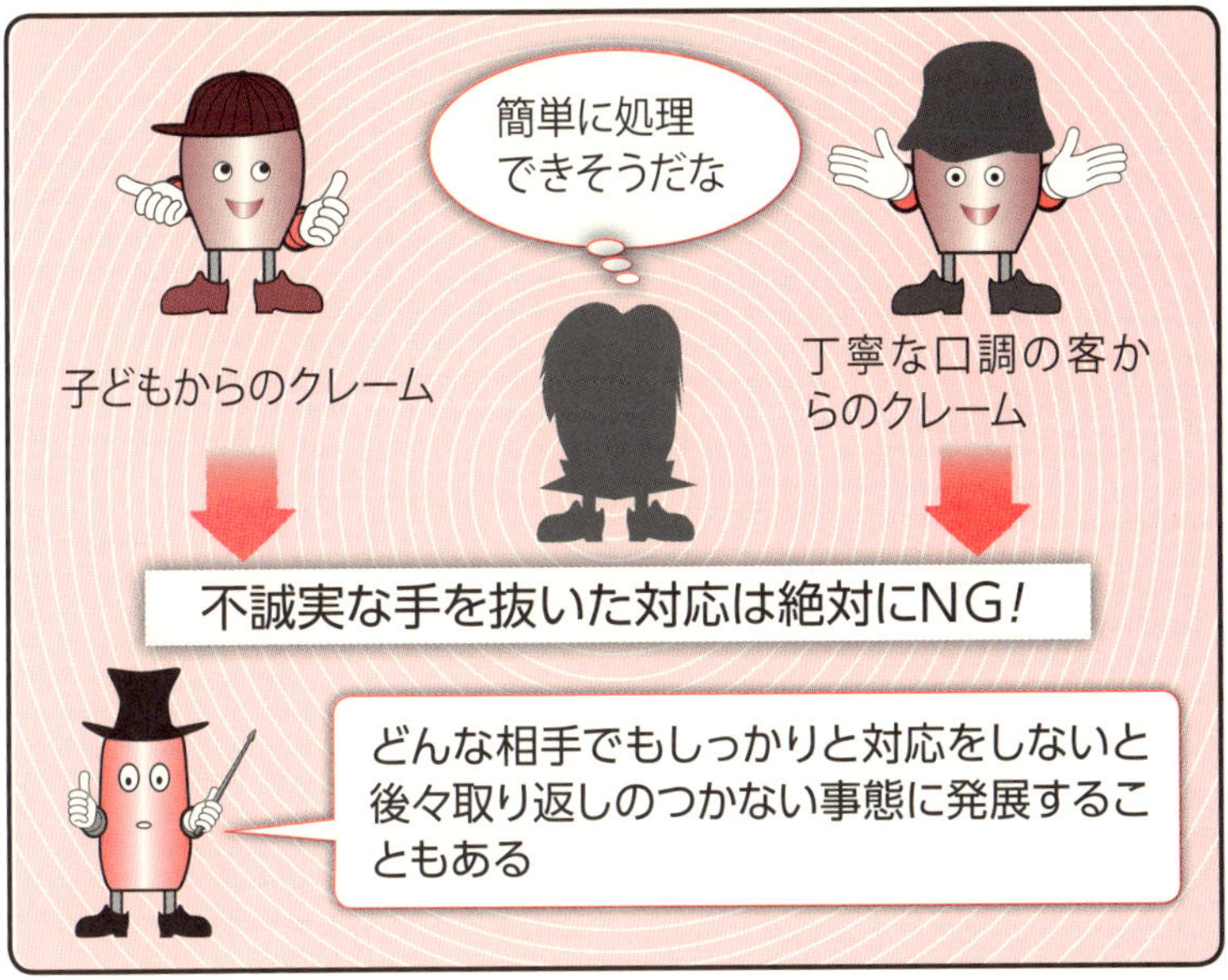
簡単に処理できそうだな
子どもからのクレーム
丁寧な口調の客からのクレーム
不誠実な手を抜いた対応は絶対にNG!
どんな相手でもしっかりと対応をしないと後々取り返しのつかない事態に発展することもある

商品ですので、そのまま召し上がってもらって結構ですよ」

お　客「そうですか。失礼ですが、担当者様のお名前、お聞かせ願えないでしょうか?」

担当者「私は○△と申します」

実はこの客は、その最中を作っている会社の社長夫人だったのです。後日その担当者は上司に呼ばれ、相当なお灸をすえられたといいます。

このやりとりのなかで担当者は一度も「申し訳ありません」と言っていません。

きっと静かな口調だったため、また苦情の内容もたいしたことはないと勝手に判断したために、このような間違った対応になってしまったのでしょう。

担当者は勝手に、間違って入っていた商品が価格の高いものだから、相手も喜んでもらえるだろうと思い込んでいます。

しかし、間違いは間違いなのです。

静かな口調で物腰柔らかな顧客は、相手の応対をじっくり観察していることも少なくありません。そんな相手に横柄な応対をすると、とんでもないしっぺ返しを受けないとも限りません。

相手が子どもでも手を抜いた対応はNG

店の電話に出ると、相手はオドオドした感じで話す小学生らしい相手でした。

小学生「あの、先ほど買ったナゲットにソースが入ってなかったんですが」

お　店「あっ、ナゲットのソース、ちゃんと袋の中は見たかな？」

小学生「しっかり見たんですけど…ないので…どうすればいいですか？」

お　店「ちゃんと入れたはずなんだけど、どこかで落としちゃったのかな？」

小学生「袋のままで…持ち帰ったので…落としたことはないと思います」

お　店「こういうのはね、ちゃんとお店で確認しようね」

小学生「でも……」

お　店「忙しいので電話切るね」

店は相手が小学生なので、適当に対応すればなんとかなると思って、いい加減な応対をしてその場をしのいだつもりでした。

先ほどの「静かな口調のクレーム」と同様に、「小学生のクレーム」を軽く考えて応対してしまったのです。

しかしこの件は、あとでとんでもない結末を迎えてしまったのです。

小学生の親がソースが入っていないことを確認し、社会勉強のためにわざと子どもに苦情の電話をさせていたのです。

おまけにそのやりとりは録音されていました。

親　「おたくの店は小学生が相手だとバカにし

た対応をするのかね」

お 店「誠に申し訳ありません。そんなつもりではありませんでした」

親 「どんなつもりだったのかね」

お 店「本当に申し訳ありません」

どんな抗弁も通用しない状態です。もちろんこのような対応をすると、店の信用はガタ落ちです。

弱い相手だから適当に応対してやれ、という傲慢な態度が結果的に店の信用を失墜させるという大きな代償を払う結果になってしまったのです。

弱気な口調もそうですが、女性、子どもが相手ですと、つい油断をしてしまい、顧客と真正面から向き合わない対応をしがちな人は少なくありません。

相手がどんなタイプであれ、客は客です。絶対にしてはいけない対応です。

Point

1・相手の口調が静かだから、そんなに困ってないだろうと勝手に判断してはいけない

2・弱い立場の人を相手にいい加減な応対をすると、後々大きな代償を支払うことになる

物静かな口調でもクレームはクレーム、その場限りの適当な対応は絶対NG!

鉄則4

うっかり言ったひと言が事態を悪化させる

「私は担当ではない」とは言ってはいけない

クレームを言ってくる人のほとんどは初対面で、相手はどんな性格の人なのかわからないのが通常です。

ある大手電気店で血圧計を買おうとして、商品札を店員に渡しました。その店は、店内には商品を置かず、商品札をレジに持参し、奥の商品棚からその商品を持ってくるシステムを採用していました。

「こちらの商品ですね、少々お待ちください」

というひと言だけを残し、商品棚の奥へその店員は消えました。しかし10分経ち、15分経ってもその店員は戻ってきません。

しびれを切らした客は、近くにいた店員に、

お客「あの、血圧計を買おうと商品札を渡したら、そのまま戻ってこないんですけど、どうなっているの？」

店員「そうなんですか。もうしばらくお待ちください」

お客「そのしばらくってどれくらいなの、もう20分も待っているのよ」

店員「本日、大変混雑しておりまして、もうしばらくお待ちください」

お客「混雑してるからって、ずっと待ってろっていうの！　アナタなんとかしてよ」

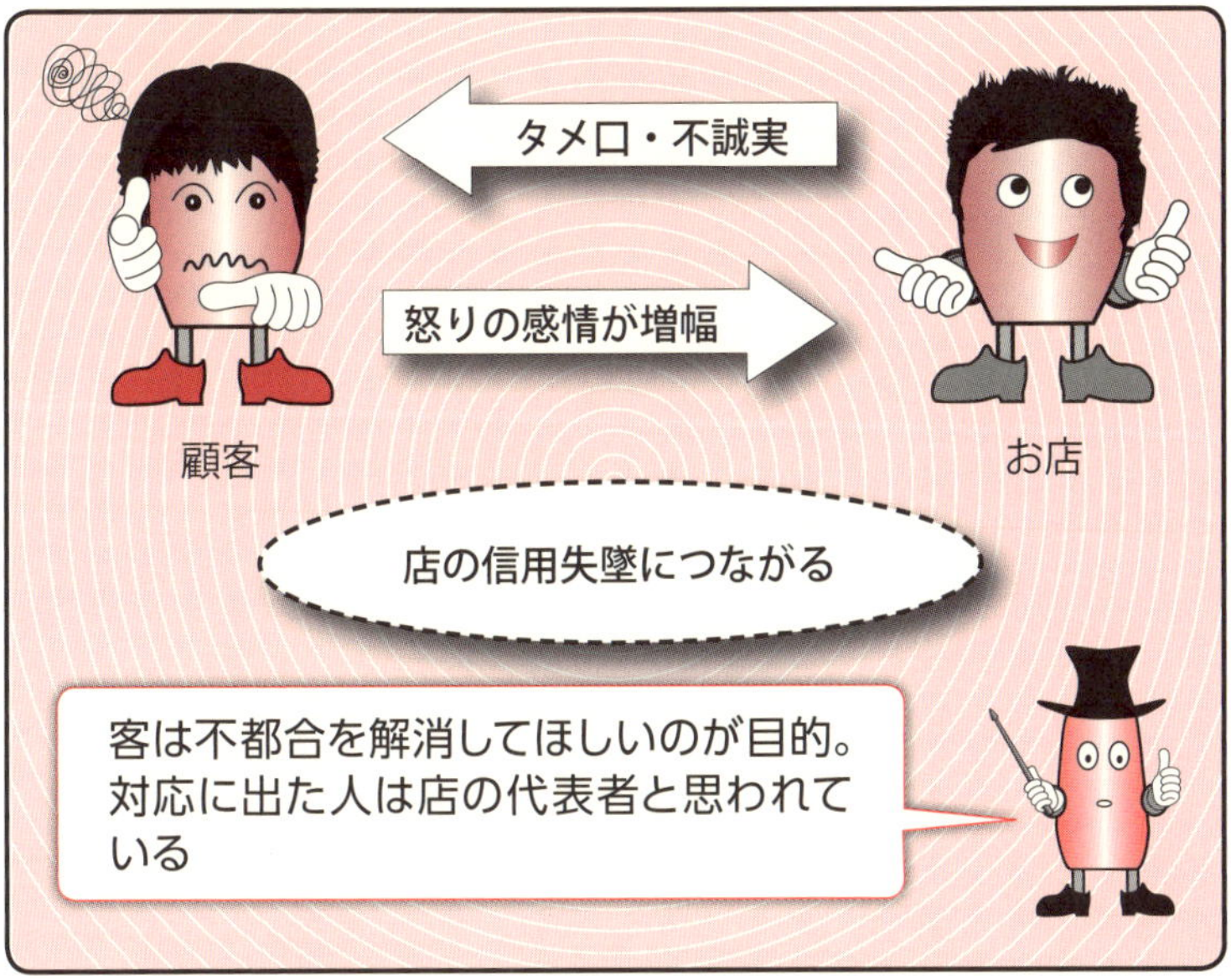
タメロ・不誠実
怒りの感情が増幅
顧客
お店
店の信用失墜につながる
客は不都合を解消してほしいのが目的。対応に出た人は店の代表者と思われている

店　員「私はここの売り場の担当ではないので」
お　客「もう、いいわ。帰る」

その客は店員の態度に呆れて、店をあとにしてしまいました。おそらくその客は、二度とこの電気店を利用することはない可能性が高いでしょう。

「私はここの担当ではないので」は無責任すぎます。もしわからないのであれば、わかる店員に相談してその客の対応をするべきでしょう。

一回信用を失うと、それを回復するのはなかなか難しいものなのです。

客から見れば店員はみな専門家

「私はまだ不慣れなもので」
「入ったばかりの新人なもので」
という言葉で顧客に言い訳をする店員も少な

くありません。けれども客にとっては店で働いている人たちはみな専門家なのです。

最近の電気店や飲食店では、まだ入店間近の人をわかりやすくするため、自動車の若葉マークのようなものをネームプレートに付けている店もあるので、そのような店なら、

「私は新人なので……」

という言い訳も理解できます。

クレームの電話をかけてきた相手に長々と事情を説明させ、挙げ句の果てに、

「私は入ったばかりの新人なので、わかる者に替わります」

なんて言われたら、今まで時間をかけて説明した苦労はどうしてくれるんだと、怒りの矛先が違ったほうに向かわないとも限りません。

クレーム対応ができないのであれば、最初から対応できる相手と話をしたいと思うのは誰でも同じでしょう。

クレームの応対が煮詰まり、結論を出さなければならない段階になり、

「では、上司と相談してから改めてご連絡いたします」

などというパターンも好ましい対応ではありません。

すぐに上司が出てくれれば問題ありませんが、その対応からさらにまた時間がかかったりしたら、せっかく解決の糸口が見えてきたものが水泡に帰することもあるのです。

タメ口は言うまでもなくNG!

ヘラヘラした態度や友達と会話しているような言葉遣いも要注意です。

本人は気がつかないでとった態度や言葉遣いが、相手の心証を悪くするケースも少なくありません。

にやにや笑いながら、

「そんな馬鹿なことないんですけどねえ。なん

か、それってお客さんの使い方にも問題があったんじゃないの？」

タメ口や態度がおかしいと、クレームの内容よりその応対方法に焦点がいってしまい、さらにややこしい事態になってしまいます。

うっかり言ってしまった言葉やタメ口、ヘラヘラした態度は、悪質クレーマーのターゲットにもなりやすいのです。

「その態度はなんだ！」

「どんな社員教育してるんだ」

と突っ込まれる原因を作りかねません。

クレーム内容が自分の担当外の内容であっても、面倒がらずに応対することが、結果的に早期にクレームを解消することにつながります。

店員であれば、常に店の代表、サラリーマンであれば常に会社の代表であるという気構えでクレーム対応をすることは非常に大切なことなのです。

客には、店や会社の都合は通用しません。

Point

1・うっかり言ってしまった言葉が、信用を失墜させることもある

2・言葉遣いや態度もクレーム対応では重要な要素のひとつである

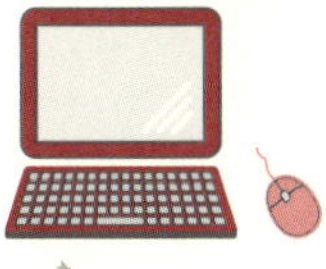

担当部署ではないクレームからは逃げたくなるが、逃げずに応対する！

鉄則5

どんなクレームでもまずは謝罪から

怒りをさらに大きなものにする言い訳

とにかく最初は相手の立場になり「謝罪の気持ちを伝える」がクレーム処理の第一歩です。怒りの気持ちを抑えるためにも、そこは自分の言い分は抑え、客の声に耳を傾けることは言うまでもありません。

ケーキを購入した客が、家に帰ってきて箱を開《あ》けると、入れ方が悪かったせいか、ケーキが倒れて形が崩れていました。

お客「今、おたくで買ったケーキだけど、箱を開けたらケーキが倒れてグチャグチャになっていたぞ。どんな入れ方したんだよ！」

店員「そうおっしゃられても困ります。持ち運びが乱暴だったのではないでしょうか?」

お客「えっ！　ケーキがグチャグチャになったのはオレの責任ってことかい?」

店員「ケーキがグチャグチャになるって、普通では考えられませんので…」

お客「それじゃ、まるでオレが一方的に悪いような言い方じゃないか！」

店員「………」

このような応対ですと、客の怒りは鎮まるどころか、さらに怒りが悪化し、場合によっては「店

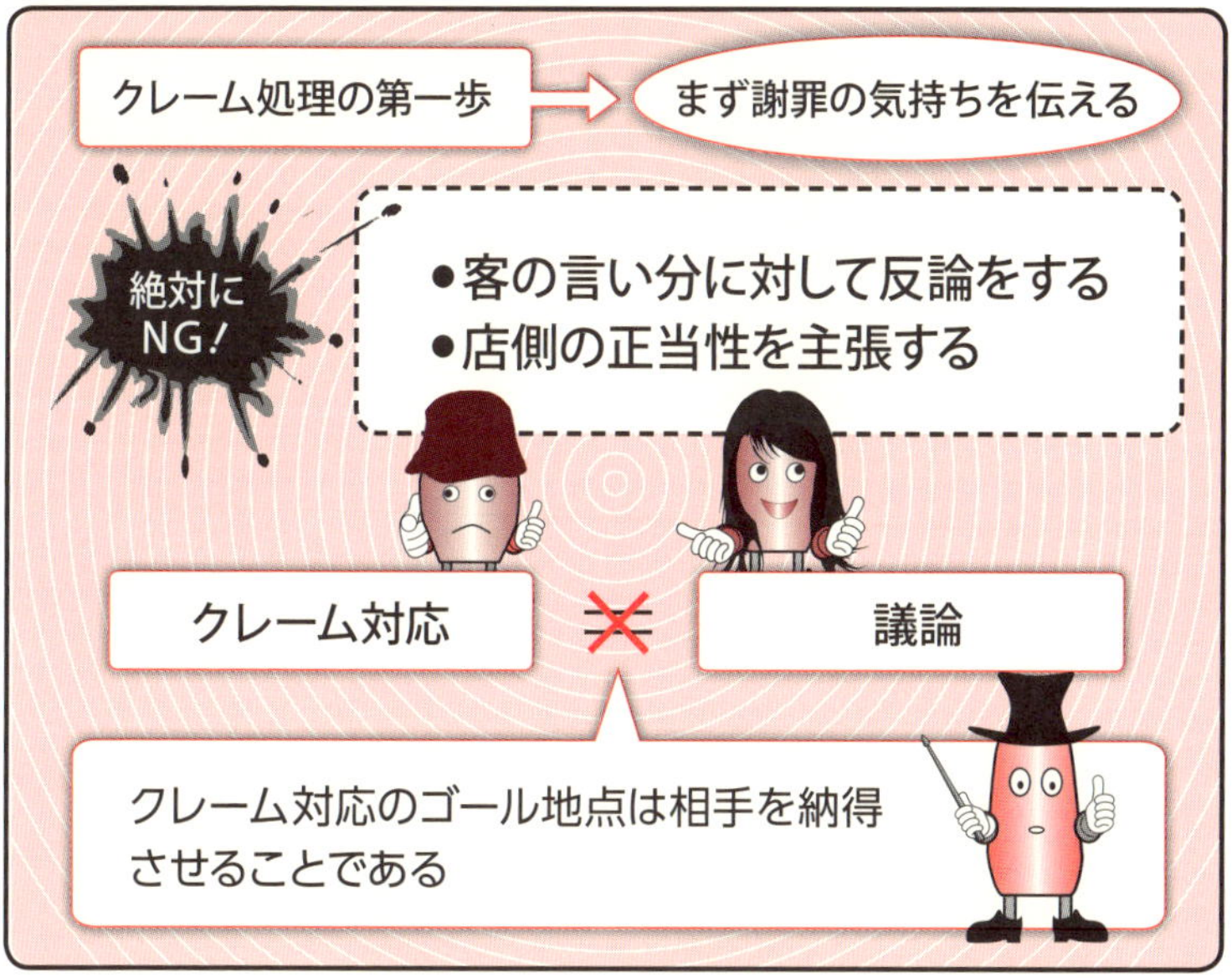
クレーム処理の第一歩
まず謝罪の気持ちを伝える
絶対にNG!
●客の言い分に対して反論をする
●店側の正当性を主張する
クレーム対応
≠
議論
クレーム対応のゴール地点は相手を納得させることである

員の態度が悪い！」「おたくの店はどんな社員教育をしてるんだ！」などと、違った方向に怒りの矛先が向けられないとも限りません。

わざわざ電話してきたということは、間違いなくケーキはグチャグチャになっていたのでしょう。それを見て店に電話しているのですから、客の心が穏やかでないことは明らかです。そこへ追い打ちをかけるように一方的に客のほうが悪いという応対をされたら、対応した店員への印象は相当悪いものに違いありません。

ここはまず、

店員「梱包には注意を払っていたのですが、ご迷惑をおかけしました」

と謝罪の意を相手に伝えるのです。

それからどのような状態なのかを聞きだし、梱包方法に不備があるとわかれば、次回来店した際に同等の商品をサービスすると提案したり、梱包方法に問題がない場合は、一方的に客のほうを責めるのではなく、今後の梱包方法の課題のひとつととらえ、「貴重な意見を寄せていただきありがとうございます」の意を伝えればいいのです。

クレームは議論ではない

後章でも詳しく解説しますが、クレーム処理の目的は顧客の「不満」を解決することです。クレーム処理を議論で勝つことと勘違いして、相手の論理的な矛盾点などをついたり、論破しては絶対にいけません。

「クレーム＝議論」ではないのです。相手の言葉尻などをとらえてギャフンと言わせても、顧客は間違いなく相手の企業やお店に対していい印象は持ちません。

クレームをまったく受け止めてくれなかった店（企業）というレッテルを貼られないとも限りません。

今はネット社会ですから、こういった風評は“悪事千里を走る”ではないですが、あっという間に広がる可能性もあります。

こちら側に非がなかったケースでも、**「貴重なご意見をありがとうございました」**のひと言を添えるような対応がベストでしょう。

外国の企業はなかなか謝罪しない

ここで参考までに、海外のクレーム処理方法が日本とは１８０度違う例を紹介してみましょう。

２００６年、ある外国製のエレベーターがブレーキ故障を起こし、高校生が亡くなるという事故が起きました。

その後の会見で、外資系エレベーター会社の社長は「安全と品質には最大限の配慮をしている。不具合があるかどうかは、保守・管理会社がしなければならず、それを怠ったために起きた事故である」という趣旨のコメントを発表し、まるで自分の会社にはまったく非がないようなコメントを出したのだからビックリです。

新聞その他で報道された通り、会社として被害者の立場を考えた行動は、ほとんどみられませんでした。その会社は信用を失墜させ、日本では、エレベーター販売業務から撤退する道を選ばざるをえなくなってしまったのは当然といえば当然の結果でしょう。

アメリカなどでは「謝罪＝責任を認める」という図式が根付いているからかもしれません。そしてその背景には、たしかにとんでもない額の賠償金の支払い命令などが出ているのが、顧客の立場にならない理由のひとつなのかもしれません。

けれどもここは日本です。まずは相手の言い分をしっかりと聞き、謝罪の気持ちから対応することが、クレーム解消の近道でしょう。

Point

1・相手が何に腹をたてているのかを聞き、謝罪の気持ちを第一に考えて対応する

2・相手をギャフンと言わせるのがクレーム処理の目的ではない

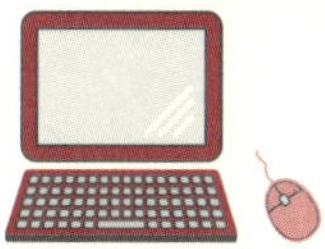

クレームを言ってくるということは、不満に感じている部分があるということ！

鉄則6 クレームの対応次第で企業信頼度が失墜する

「わかりません」では相手も「わかりません」

新入社員によくあるケースです。社内に先輩や上司が不在のため、自分一人で電話対応などをしなくてはなりません。

そんなときに電話が鳴りました。

顧客「○×商事さん？　おたくで設置してもらった浄水器なんだけど、水の出る量が一定じゃないんだよね、どうしたらいいかな？」

新人「あっ、いつもお世話になります…、あっ浄水器の件ですね…、あの～…今…」

顧客「何言ってんの？　浄水器の調子が悪いのでどうしたらいいか聞いているんだけど」

新人「それが、その…今、誰も社にいませんで」

顧客「あなたがいるじゃないの」

新人「私は入社したばかりで、わからないもので…」

顧客「こっちはすぐに直してもらいたいんだけど」

新人「………」

客にしてみれば購入した浄水器の調子を、すぐに直してもらいたいのです。わからないのであれば、少しでも客の気分を害さないように対応するのが大切です。

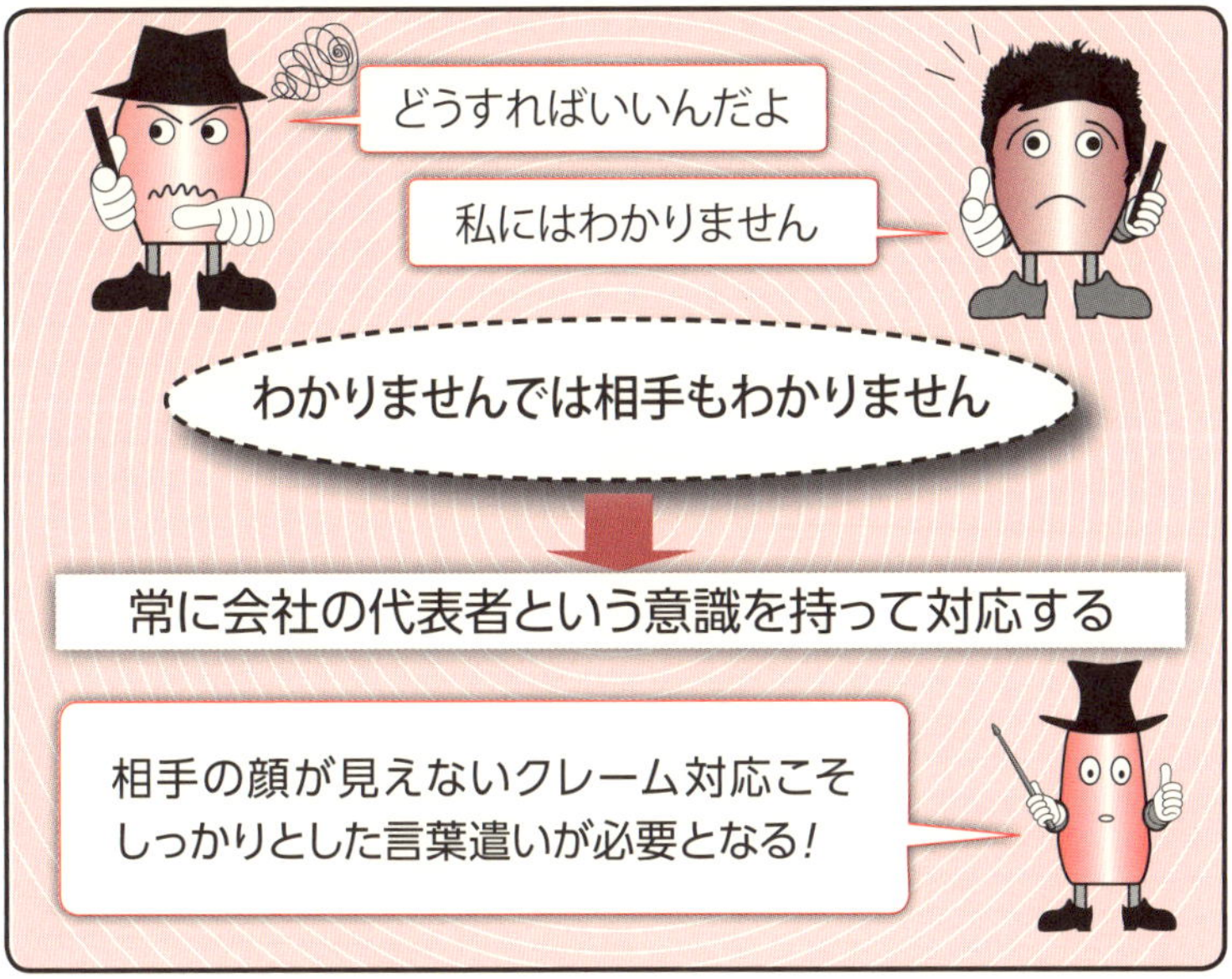
どうすればいいんだよ
私にはわかりません
わかりませんでは相手もわかりません
常に会社の代表者という意識を持って対応する
相手の顔が見えないクレーム対応こそ
しっかりとした言葉遣いが必要となる！

顧客「浄水器の調子が悪くて、どうしたらいいかな」

新人「ご迷惑をおかけして申し訳ありません、ただいまわかる者があいにく外出しております」

「戻り次第、すぐお客様のほうへ連絡を差し上げますので、連絡先をお聞かせ願えないでしょうか？」

このように応対すれば、すぐに処置してくれる意志はあるんだな、という気持ちが相手に伝わります。

苦情から逃げると後々問題は大きくなることもある

これは実際に聞いた話ですが、日曜日に出勤していた際にかかってきた電話が、苦情の電話でした。その社員は休日出勤です。

クレーム対応のために出てきたわけでもなく、

少しでも早く仕事を片づけて家に帰りたいところです。

お客「おたくのＤＶＤプレーヤーなんだけど、説明書がわかりづらくて」

社員「……」

お客「聞いているの？　説明書がわかりづらいの」

社員「すみません。私、清掃会社のもので、あまりにも電話が鳴ったので出た次第です。今、この会社の人は誰もいません」

お客「えっ？　会社の人じゃないの？　誰もいないなら、じゃあしようがないか」

こんな具合にすんなり引き下がってもらったというものですが、これもあまりほめられた対応ではありません。

電話に出たのですから、社員としてしっかりと応対するべきです。

つい自分には関係ないかのように振る舞い、その場を回避したいと思うのは人間の性です。しかしこれがもしウソであると相手にバレたら、「客の不満から逃げ回る会社」というレッテルを貼られ、取り返しのつかない事態に発展しかねないとも限りません。

自分のことに置き換えて考えるとわかりやすいでしょう。

電話での対応、クレームに対する応対の最初の言葉はとても印象に残るはずです。

クレーム対応も複雑になっている現実

最近は、平日の時間帯に限って購入者からの苦情を受け付けている会社が増えていますが、ユーザーが不都合を感じてもすぐに対応してくれない企業が多いのが現実です。

あるケーブルテレビの会社は、以前は24時間対応が可能でしたが、最近は土日はまったく通じなくなっています。テレビの契約者などは24時間視聴しているわけですから、このような対応は困ったものです。

また大手企業になればなるほど苦情や相談をしようと思っても、自動音声で何度も分類番号を押し続けないと担当者にたどりつかないというケースも多々あります。そして、やっとたどりついた相手先が、違った部署につながってしまったというだけで、また一からやり直しということも少なくありません。

これらのことは、クレーム対応には直接関係ありませんが、顧客からすれば不親切な企業と思われても不思議はありません。

面倒と思われるクレームも、しっかりと受け止めてくれる会社は結果的に信用度アップにつながることを、クレームを受ける側は理解しておく必要があります。

〝担当部署ではない〟というように、自分には無関係なクレームと思ってはいけないのです。

Point

1・会社の電話口に出た人は会社の代表者と思われている

2・苦情から逃げただけでは、何も問題解決になっていない

苦情を言ってくる相手の高ぶる気持ちを抑えるためにも、電話口の第一声は重要！

Column Ⅱ

客への不適切な態度が大きな問題になったタクシー運転手の代償

タクシーの中は運転手と客の密室空間であり、運転手は客が求める目的地まで安全に送り届ける責任を持っています。密室空間では、拘禁反応によるストレスに陥りやすい環境にあるため、運転手は「いい表情」「丁寧な言葉遣い」「気配り」などが大切になるのです。

しかし、長時間にわたる運転をしていることから、しっかりとした接客態度を失念するケースも少なくありません。それはそれでプロとして失格ですが、交通渋滞でスムーズな走行ができないケースに対する文句、泥酔した客が行き先を次々と変更するといったことなどが引き金になることもあります。

都内の大手タクシー会社のタクシーを利用したビジネスマンのクレームは、運転手の接客マナーの悪さでした。交通渋滞に遭遇したことから、運転手は「車を降りて電車を利用したほうが早いよ」「仕事にならん」「イライラする」といって車のドアを開け、タクシーから降りるよう言ったのです。会社側はまずお詫びをし、事情聴取したあと、担当者が改めて謝罪訪問。企業イメージの失墜回復には大変な労力を要したといいます。

第2章

クレーマーに打ち勝つための6つのコツ

鉄則7

「貴重なご意見……」と感謝の言葉を添える

顧客の目的は何かを しっかり見極めることの大切さ

顧客から商品に対して、何かしらの不満があり電話がかかってきた場合、そのほとんどは、具体的に何について不満を感じているのかが指摘されます。

当然、顧客のほうからその不満点に対して、質問攻めにあうことになります。

顧客「おたくの商品買ったんだけど、スイッチを入れても動かないんだよ」

お店「誠に申し訳ございません」

顧客「説明書にもスイッチを入れれば動くと書いてあるんだけど、その通りやっても動かないんだよ」

お店「説明書の最初のページに書かれていると思います。その通りにやれば動くはずです」

顧客「その通りにやって、動かないからこうして電話しているんだろ！　どうすれば動くんだよ！」

お店「………」

顧客「黙り込まれても困るんだよね。どうすればいいのか説明してくれよ！」

お店「………」

顧客「その対応はなんだよ、客をなめてるのか！　責任者を出せ！」

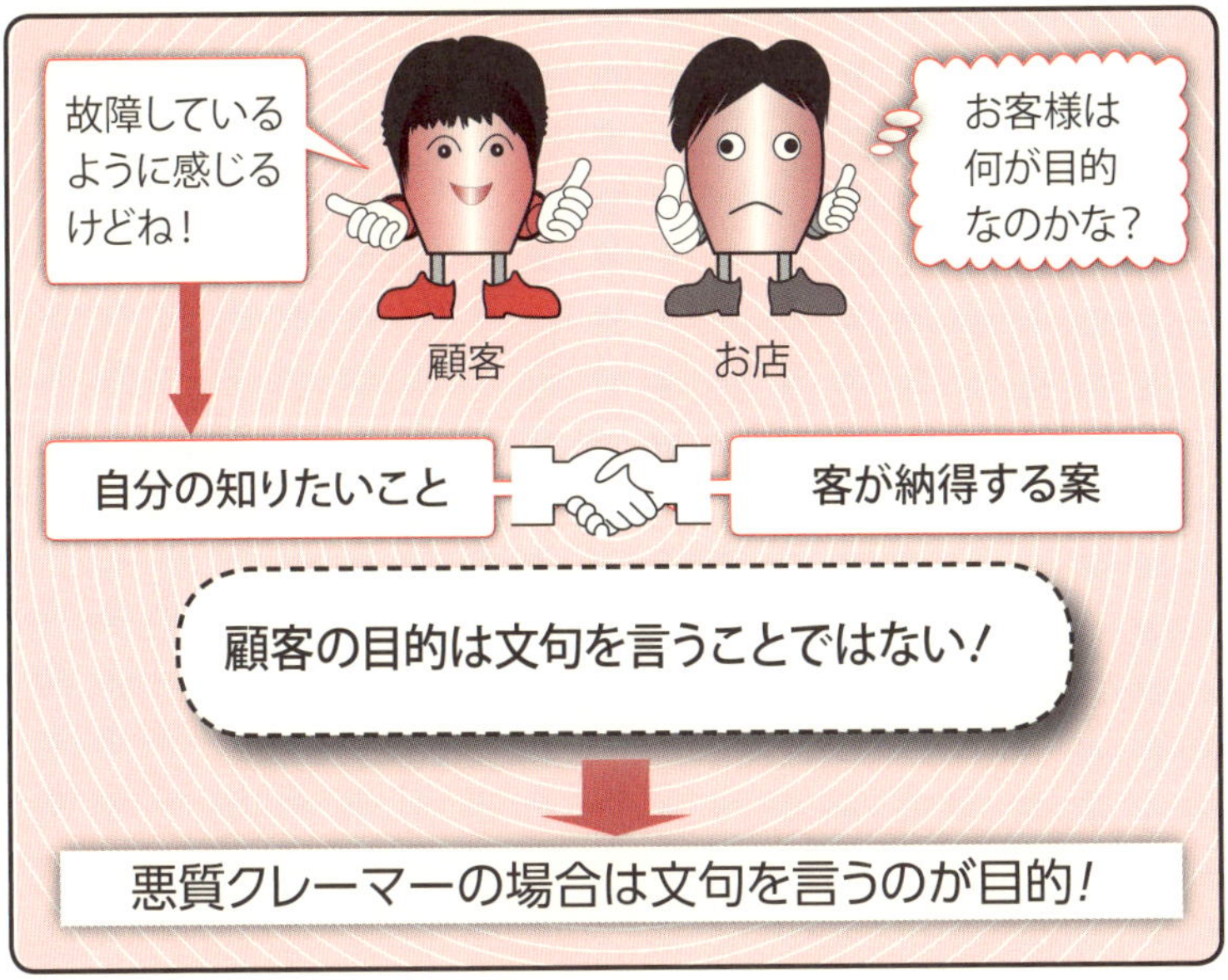
故障しているように感じるけどね！
お客様は何が目的なのかな？
顧客
お店
自分の知りたいこと
客が納得する案
顧客の目的は文句を言うことではない！
悪質クレーマーの場合は文句を言うのが目的！

このように、顧客の怒りはどんどんエスカレートしてしまい、商品の扱い方の問い合わせ（クレーム）のはずが、〝電話の対応方法が悪い〟という、違った次元に話が移ってしまうことも少なくありません。

顧客の怒りをまずは鎮めることが、クレーム処理の重要なポイントです。そのためには、どのようなことに対して、相手は怒っているのかを正確に把握することが大切なのです。

顧客の〝あら探し〟をするとまとまる話もまとまらなくなる

顧客「おたくの商品買ったんだけど、スイッチを入れても動かないんだよ」

お店「誠に申し訳ありません。具体的にどのような手順で商品のスイッチを入れたのかお教え願えませんか？」

顧客「説明書に書いてある通りだよ」

お店「最初のページに書いてありますやり方はお試しいただけましたか？」
顧客「それもやったよ！　でも動かないんだよ」
お店「では、充電のほうはどうでしょうか？」
顧客「えっ？　最初から充電してなかったのかよ？」
お店「わかりづらい説明書ですみません。お客様が勘違いするのも無理はございません。貴重なご意見ありがとうございます。今後の商品開発の参考にさせていただきます」

このように、顧客に対して、店側がいろいろと質問をする形に持ち込めれば、顧客はその質問に対して答える図式が続きます。

「顧客の目的＝スイッチを入れて動かす」がはっきり見えてくれれば、それについて対応することで、顧客の怒りは鎮まるのです。

店側の落ち度が何もなかったからといって、顧客に対して、

「今後、ちゃんと説明書を読んでからお問い合わせください」

というような言葉を言ってはいけません。

顧客がよく確認をしないでクレームを言ってきた場合、対応した店側は皮肉のひとつも言いたいところですが、それを口にしますと、

「おい、客に向かってその話し方はなんだよ。お前の会社は客をバカにするように指導されているのか？　責任者を出せ！」

と、商品とはまったく関係ない次元でクレームが始まってしまうこともあるからです。

顧客は自分に落ち度があったことを心の中では認めているところに、追い打ちをかけるような言葉はかえって顧客の怒りを呼び戻す結果にもなります。

クレーム処理は議論や討論ではありません。自分の意見を相手に納得させるのが議論や討論ですが、クレーム処理の目的は、顧客を納得させることなのです。

その図式をしっかりと理解して顧客に対応することは非常に大切なことなのです。

反論したくなる気持ちをこらえる

激しい口調でまくしたてられると、つい反論してしまいたくなるのは当然の心理です。しかしそこはグッとこらえて、こちらからは反論しないことが大事です。

つい売り言葉に買い言葉を言ってしまうと、交渉の内容はどんどん違ったところにいってしまい、気がついたら何に対してクレームを言ってきたのか、わからなくなることだってあります。

相手が興奮しているからといって、自分も一緒に興奮してしまったら、まとまる話もまとまらなくなってしまいます。

クレーム相手から主導権を握るためには、**相手の最終的な目的を把握し、その目的に向かって誘導する**ことが大切なのです。

Point

1・何に対してクレームをつけているのか、その本質を見極める

2・クレーム処理の目的は客を納得させることにある

相手の言い分を完全に否定せず、認めながら交渉していくと怒りは鎮まる！

鉄則8

激しい口調には逆に丁寧な口調で対応する

激しい口調に強い口調で対応すると交渉は悪化する

クレーマーの言葉はたいていの場合、口調が激しいことが多いものです。

それに対応する側の口調も一緒になって、激しい口調で受けてしまうと、まとまる話もまとまらなくなり、激しい言い争いに発展してしまうこともあります。

ある飲食店で長々と待たされた挙げ句、注文した料理と違うものが出されました。従業員にその旨を伝えたところ、その従業員は非を認めず、言った言わないの言い争いに発展。

そのクレームが店長のもとへ飛んできたという図式です。

お客「おい、お前が店長か！　お前のところは従業員にどんな教育をしているんだよ！」

店長「どうかなさいましたか？」

お客「どうしたかじゃないよ！　何も聞いてないのかよ！」

店長「そう激しい口調でしゃべらないでくださいよ！」

お客「激しい口調だって？　いつもオレはこんな口調だよ！　それよりお前のところは、客に注文した覚えのない料理を食わせるのかよ！」

店長「普通にしゃべってくれませんか？」

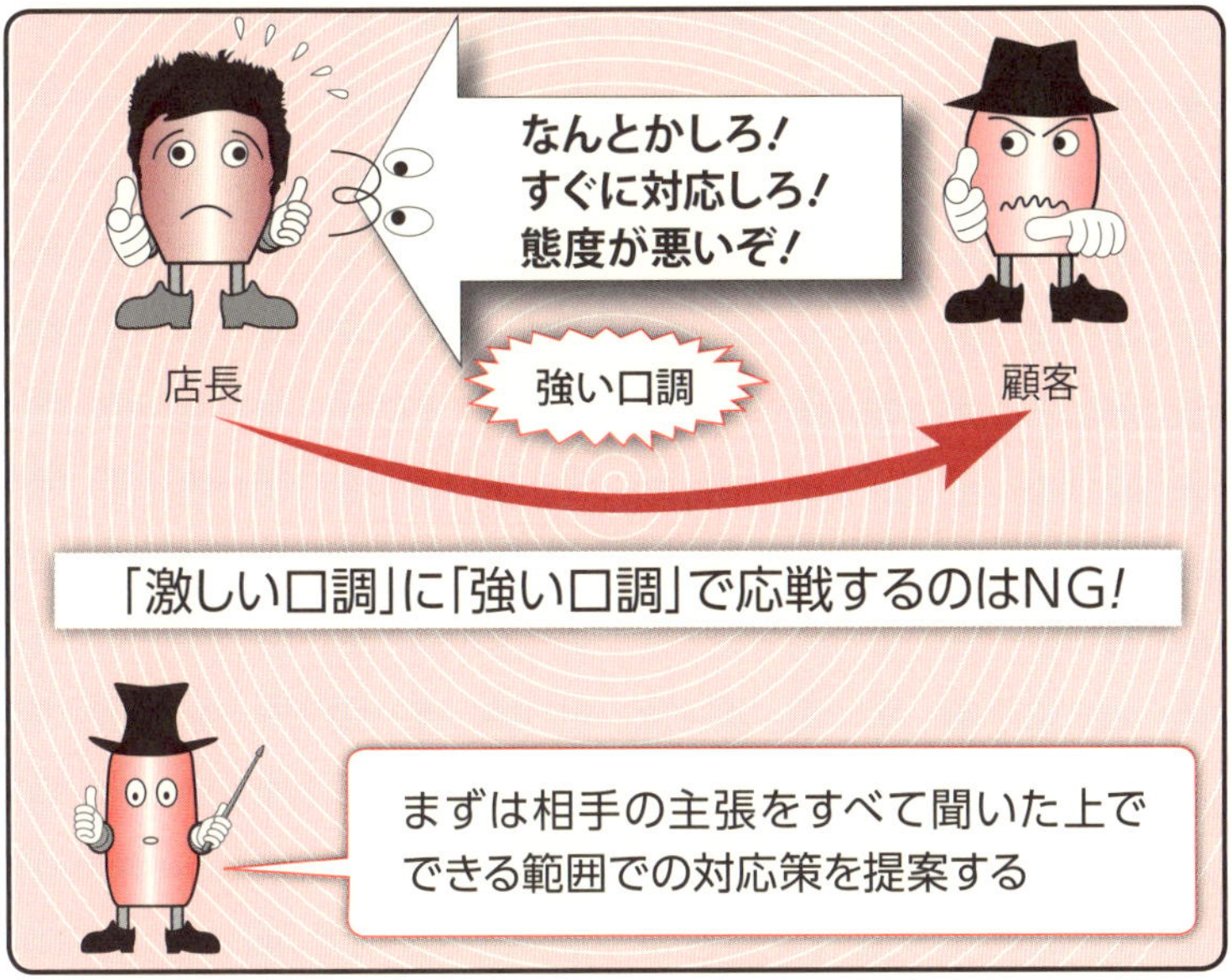
なんとかしろ!
すぐに対応しろ!
態度が悪いぞ!
店長
強い口調
顧客
「激しい口調」に「強い口調」で応戦するのはNG!
まずは相手の主張をすべて聞いた上で
できる範囲での対応策を提案する

お客「オレが普通でないってことか…!」

もうこうなりますと、何がクレームの目的なのか訳がわからなくなり、言葉遣いの議論に問題点がすり替わっています。

クレームを言う相手の口調が激しいのは、よくあることです。そのような口調に対して真正面から対応したら、まとまる話もまとまりません。相手が激しい口調を投げかけてきたら、自分は真逆の丁寧な言葉遣いで応対することが大切なのです。

お客「おい、お前が店長か! お前のところは従業員にどんな教育をしているんだよ!」

店長「お客様、非常に不愉快な思いをさせてしまいまして大変申し訳ありません」

お客「大変申し訳ありませんじゃねえよ! オレが聞きたいのはどんな教育しているかなんだよ」

店長「お客様のお怒りはごもっともです。注文した料理を待たされた上、その料理が違っていたら誰でもお怒りになります。従業員には私のほうから厳重に注意いたします」

お客「それじゃ納得できねえな！」

店長「どのような対応をお望みでしょうか？私どもといたしましても、できるかぎりお客様のご要望にお応えしたく思っております」

クレーム処理の主導権を上手に得るコツ

ここで店長の対応で、ポイントとなる点が2つあります。

一点目は「**お怒りはごもっともです**」と言っている点です。この言葉は、相手にまず同調している言葉となっています。しかし同じ同調でも「お客様のおっしゃる通りです」と言ってしまうと、料理を間違えてしまった点も認めてしまうことになります。

店長としては、料理を間違えた点はどちらの言い分が正しいのかははっきりわかっていません。そこを認めてしまうと、客のほうからさらなる追及がある可能性があるため、曖昧にしておきたいところです。

二点目は「**どのような対応をお望みでしょうか？**」と聞いているところです。けっして解決の条件を店側から出していない点です。

客のほうも、確信を持って注文を間違えたという主張はできないはずです。ならば、客からの条件提示を示してもらうほうが、より早い解決につながるのです。

「従業員を解雇しろ」「料理代金をタダにしろ」などと無理難題を押しつけてきたら、そのときははっきりと「**そのご要望にはお応えできかねます**」と丁寧な口調で断ればいいのです。

要望に応えられる範囲の提案のみ対応すれば

いいのですから、いつの間にか主導権はクレームを言われている店側に変わっているという図式です。

注文を間違えて料理を提供したかどうかが、この交渉のポイントです。それが「従業員の態度が悪い」「どんな教育をしているんだ」と焦点がブレています。

このようにクレームでは、本来の内容と違ったほうへ変わってしまうことがよくあります。

最初の話の内容と違ってきた場合は、冷静に、

「お客様、注文を間違えたのはお詫び申し上げます。急いでお作りいたしますので、もう少々お待ち願えませんでしょうか?」

とスタートラインに戻すことです。

それでも「それじゃ納得できない!」「誠意をみせろ!」などと言ってきたら、はっきりと「お帰りください」と交渉を中断する勇気も必要です。

Point

1・激しい口調についい自分も強い言葉で応対すると、事態はどんどん悪化してしまう

2・クレームの幕引きの条件は相手の口から言わせるような図式にもっていく

自分の不利になるような発言には要注意!

鉄則9

相手に脅されてもひるまず冷静さを心がける

興奮状態の客には第三者的に振る舞う

何度も述べますが、クレームを言ってくる相手は興奮状態である傾向が強いものです。

本来は単純なクレームが、気がついたらなんだか思いもよらない重大なクレームへと発展していた、なんてことは興奮状態にあるときに起こりがちです。

そのようなことにならないためには相手がどんなに興奮していても、こちらは常に冷静でいなければいけないのです。

ではどうしたら冷静に対応することができるのでしょうか？

少々無責任な言い方になるかもしれませんが、クレームを言ってきた内容を第三者的な視点で、まるで評論家になったかのような態度で対応するのもひとつの方法です。

あるシューズ店で買った商品を家に帰って開けたら、箱に記入してあった色とシューズの色が違っていたため、クレームを言ってきた客のケースです。対応した店員は、買ったときに応対した店員ではありません。

お客「おい、さっき買った商品、オレは黒を買ったつもりで、箱にも黒って書いてあるが中身は青だったぞ、どうしてくれるんだ！」

店員「大変申し訳ありません。すぐにお取り換

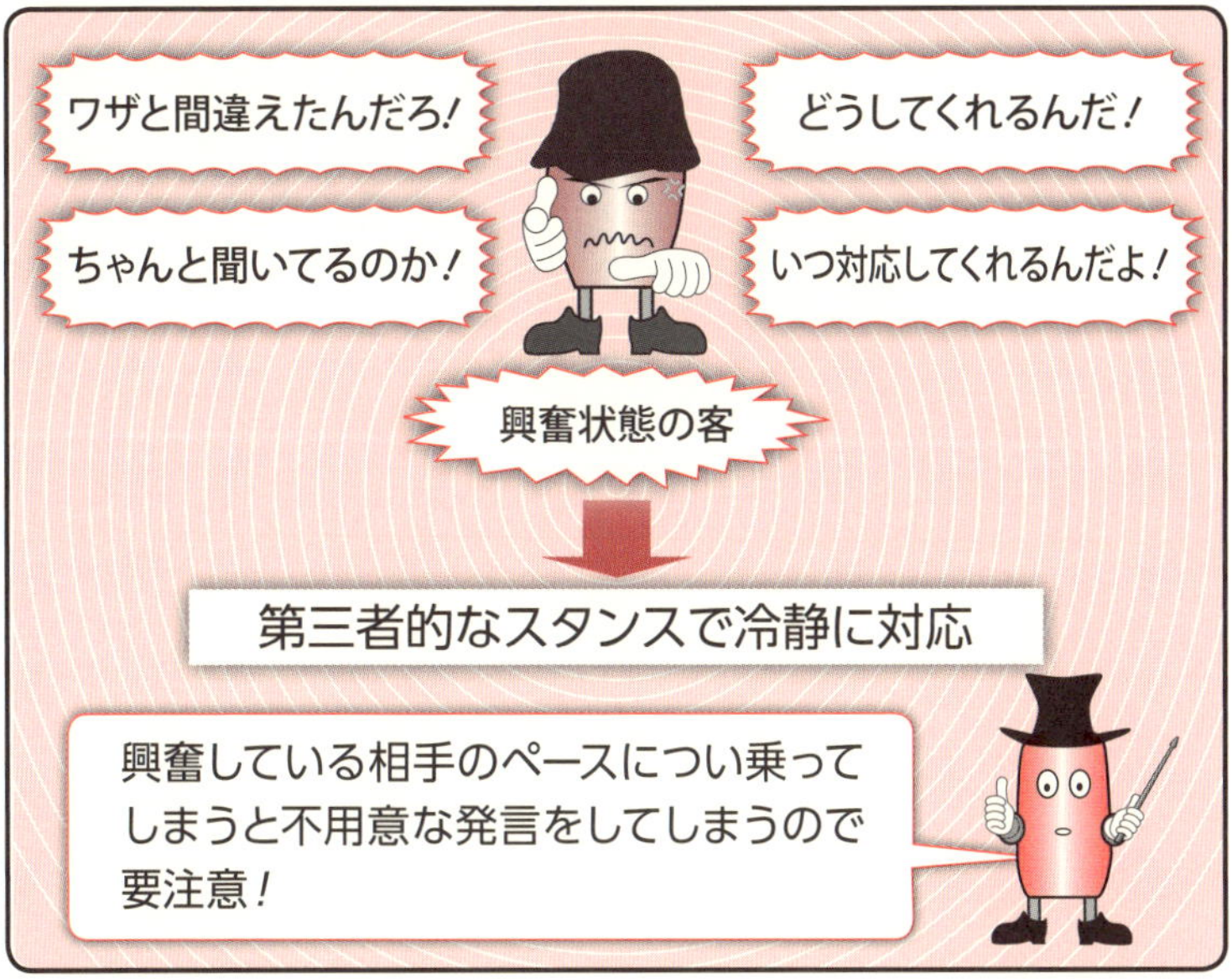
ワザと間違えたんだろ！
どうしてくれるんだ！
ちゃんと聞いてるのか！
いつ対応してくれるんだよ！
興奮状態の客
第三者的なスタンスで冷静に対応
興奮している相手のペースについ乗ってしまうと不用意な発言をしてしまうので要注意！

えいたします」

お客「すぐにっていつだ！　あの店員、ワザと間違えたんじゃないのか！」

店員「ワザとではないと思いますよ、手間がかかりますから」

お客「おい！　ワザとじゃないとか、手間がかかるだのって、何逆切れしてんだよ」

店員「逆切れだなんて、そんなつもりは……」

「ワザとではないと思いますよ」

同僚をかばう気持ちから出た言葉でしょうが、これは禁句です。同僚の立場に立ってしまって、客を尊重している言葉ではないからです。

「手間がかかりますから」

これも弁解になるので、相手からすると許すことができません。こうした言葉遣いをすると、客は店員が逆切れしていると誤解し、さらに興奮することになるので事態は悪いほうへと向かい、収拾がつかなくなります。

同僚をかばう気持ちも手間がかかることも、店員側の偽りない心情なのでしょうが、そこは自分の気持ちはグッと抑えて、第三者的に振舞うことで冷静に対応するべきなのです。

お客「おい、さっき買った商品、オレは黒を買ったつもりで、箱にも黒って書いてあるが中身は青だったぞ、どうしてくれるんだ！」

店員「大変申し訳ございません。こちらのチェックミスで、お客様にご迷惑をおかけしてしまいました。ただいま、黒をお持ちいたします」

お客「箱の中身を確認しないなんておかしくないか、普通するだろ？」

店員「はい、いたしますね。いったいどうしたことでしょうね、困りますね。私のほうからよく注意をしておきますので、お客様には本当に申し訳ないことをしてしまいました」

お客「黒があったからよかったけど、気をつけてもらわないと本当迷惑だよ」

相手のペースに乗ると不用意な発言をしてしまう

平謝りに徹するのは当然ですが、同僚だからといってかばいだてをしたり弁解したりせずに、第三者的な立場で、

「いったいどうしたことでしょうね」

「それは困りますね」

と、距離をおいた言葉で対応すると、客も自分の立場に立ってくれたと思い、興奮も収まるというものです。

客からすると、店員が箱に書いてあるのと中身を確認をしないことから起こった間違いなのに、店員を擁護してしまうと、あたかも自分が悪いと言われているような気になります。

ところが、突き放した言葉で「それは困りま

すね」と言えば、客は「こいつも困っているんだな」となって、少しは溜飲が下がる気分になるのです。

相手の興奮状態に乗ってしまうと、心にもない不用意な発言をすることになりますから、相手がどんなに興奮していたとしても、こちらは冷静にまるで他人事のように振る舞うべきなのです。

心の中で「誰だって間違うことはあるのに、なぜこんなに言われるのかな……」と思ったっていいのです。ただし、客のペースに乗ってしまうと、油断をしてよけいなことを口走ってしまうことになりますから、そこは注意をしておくべきです。

激しい口調に強い口調で対応したら、単なる口げんかと同じです。誤りは誤りとして認め、相手の気持ちは逆なでしないよう注意しましょう。

Point

1・興奮状態の客の調子に乗らず第三者的な冷静な態度で対応する

2・同僚のかばいだてをすれば客は自分が責められていると思うもの

第三者的立場の対応が有効なときもある!

鉄則10

一度クレーマーに屈すれば被害はさらに広がる

クレーマーの要求がどこにあるのかを探る

よほど悪質なクレームでないかぎり、どんなクレームにも妥協点はあるものです。相手の要求がどこにあるのかを探りだし、こちらでできる範囲であるかどうかを見極めるのが、上手に解決するポイントのひとつです。

後章で詳しく解説しますが、「どうしてくれるんだ？」と凄み、こちらから大きな代償を求めようとする悪質クレーマーがいますが、そのようなクレーマーの要求には絶対に応じてはいけません。

最悪のケースですと、何度となく難クセをつけてくる可能性もあります。

クレーマーに一度でも屈すると、そのクレーマー仲間に「あの店はゴネるとなんでも要求に応じてくれるぞ」と変な口コミが広がることもあるからです。

最近はネットでどんな些細なことでも、簡単に情報が広がってしまうものです。一度広がってしまった情報は取り返しがつかないために、その前になんとかしなければと、焦ることになるのです。

焦った挙げ句に、悪質クレーマーの要求通りになってしまったのでは最悪です。そうなる前に相手の要求がどこにあるのかをできるだけ早く見つけだし、こちらのペースに持ってくるこ

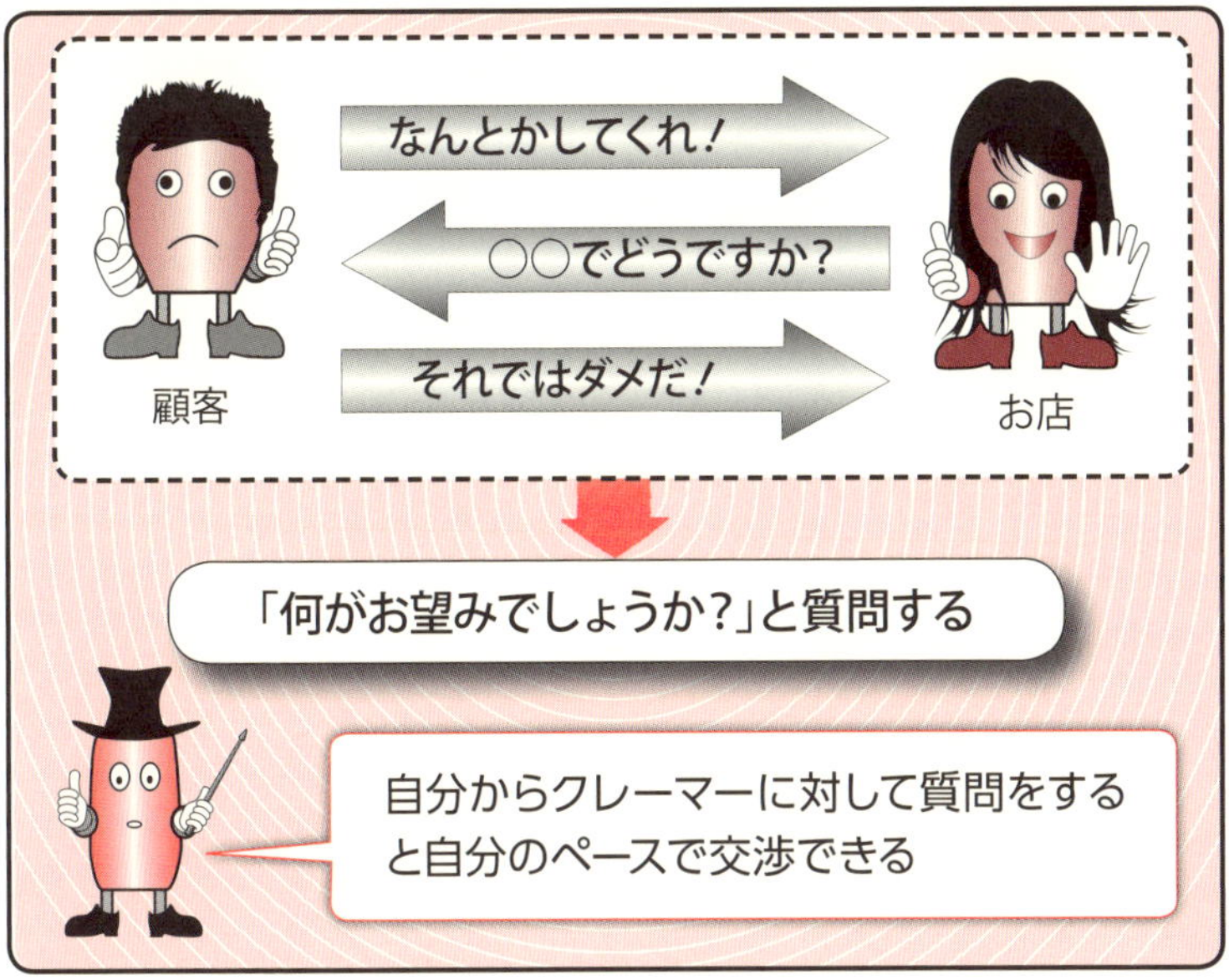
なんとかしてくれ！
○○でどうですか？
それではダメだ！
顧客
お店
「何がお望みでしょうか？」と質問する
自分からクレーマーに対して質問をすると自分のペースで交渉できる

とが大切なのです。

店長「お客様、その節はご迷惑をおかけいたしまして申し訳ございませんでした。その後お身体はいかがでしょうか？」

お客「いかがなんてもんじゃないよ。いまだにあちこちがしびれていて、まともに仕事にならないんだよ。正直まいってるんだ」

店長「申し訳ございません。ただ私どもは、すでにお見舞い金も出させていただいております。これまで半年の間、誠意を尽くさせていただいたつもりです」

お客「なにをー、あちこちしびれてるって言ってるだろ。どうしてくれるんだよ」

店長「どうするって、レントゲンの結果もＣＴ検査でも異常が認められなかったのですから、今後の補償は治療費を負担するだけということになっていたはずですが」

お客「じゃあ、このしびれはなんなんだよ。なんとかしろよ！」

店長「なんとかしろと言われましても……」

店長は、理不尽な言い分を相手のペースでまくしたてられ、ただ怯えるだけになっています。大きな声と乱暴な言葉で脅されれば、誰でも怖くなるものですが、ビクビクしていないで、相手が要求しているものを突き止め、対処しなければ、相手の思い通りになってしまうほかありません。

このように一方的に責められている状況から、こちらのペースに持ち込むにはどうしたらよいのでしょうか。

相手の言い分を逆手にとって自分のペースに持ち込む

店長「お客様、その節はご迷惑をおかけいたしまして申し訳ございませんでした。その後お身体はいかがでしょうか？」

お客「いかがなんてもんじゃないよ。いまだにあちこちがしびれていて、まともに仕事にならないんだよ。正直まいってるんだ」

店長「申し訳ございません。ただ私どもは、すでにお見舞い金も出させていただいております。これまで半年の間、十分誠意を尽くさせていただいたつもりです」

お客「なにをー、あちこちしびれてるって言ってるだろ。どうしてくれるんだよ」

店長「どうするって、レントゲンもＣＴの検査結果でも異常が認められなかったのですから、今後の補償は治療費を負担するだけということになっていたはずですが……お客様はこれ以上、何をお望みなのですか？　具体的におっしゃってくださらないと、どのようにすればよいのかわかりませんが」

お客「そんなことわかるだろ、考えてみろよ」

店長「申し訳ございません。まったくわかりませんので……」

「お客様はこれ以上、何をお望みなのですか？」

このように相手の言い分を逆手にとって質問をすることで、それまで強気で責めていた相手を、一気に自分のペースに持ち込めるのです。

これ以上の金銭要求を露骨にしたりすれば恐喝になるのをよくわかっているので、望むものなど言うことはできません。答えられない以上、相手はあきらめるほかなくなります。

相手の言い分をうまくとらえて「それはどういうことですか？」「どうしろとおっしゃるのですか？」などの質問も、悪質クレーマーには効果があります。

これだけで相手は反論もできずに、捨て台詞のひとつも吐いて引き上げざるを得なくなります。クレーマーに対しては、相手の言い分や失言をよく聞き、タイミングを見て質問もできることを覚えておくとよいでしょう。

Point

1. **相手の要求するものが何かを会話の中からうまく探りだす**
2. **相手の言い分を逆手にとる質問で自分のペースへと持ち込む**

「どうしろとおっしゃるのですか？」という質問も効果的！

鉄則11

悪質クレーマーには毅然とした態度で接する

クレーム相手の要求内容を素早く見極める

クレームを上手に処理するためには、クレームを言ってきた相手の要求内容をどれだけ早くとらえることができるかにかかってきます。

クレームの対処法はひとつ間違えると、単なる商品交換くらいですむ問題が、賠償問題にまで発展する可能性さえあるので気をつけなければなりません。

クレームを言ってくる相手はいろいろですが、大きく分けると3つのパターンに分けられます。

ひとつは、いわゆる正当なクレームを言ってくる人。この場合は店側あるいはあなたの側にある問題について苦情を言ってきているわけですから、誠意を持って素早く対応しなければなりません。

案外多いのが思い込み、あるいは思い違いから苦情を言ってくるケースです。

「以前使っていたものより高いクラスのものに替えたら、劇的変化が起こると思っていたのに起こらないのはおかしい」

など、思い込みだけで苦情を言ってきます。このような場合は、専門的な知識で納得してもらうなどの説明が求められます。

最後に一番気をつけなければいけないのは、「難クセ型」です。これはちょっとしたことを元に話を大きくして難クセをつけ、あわよくば金

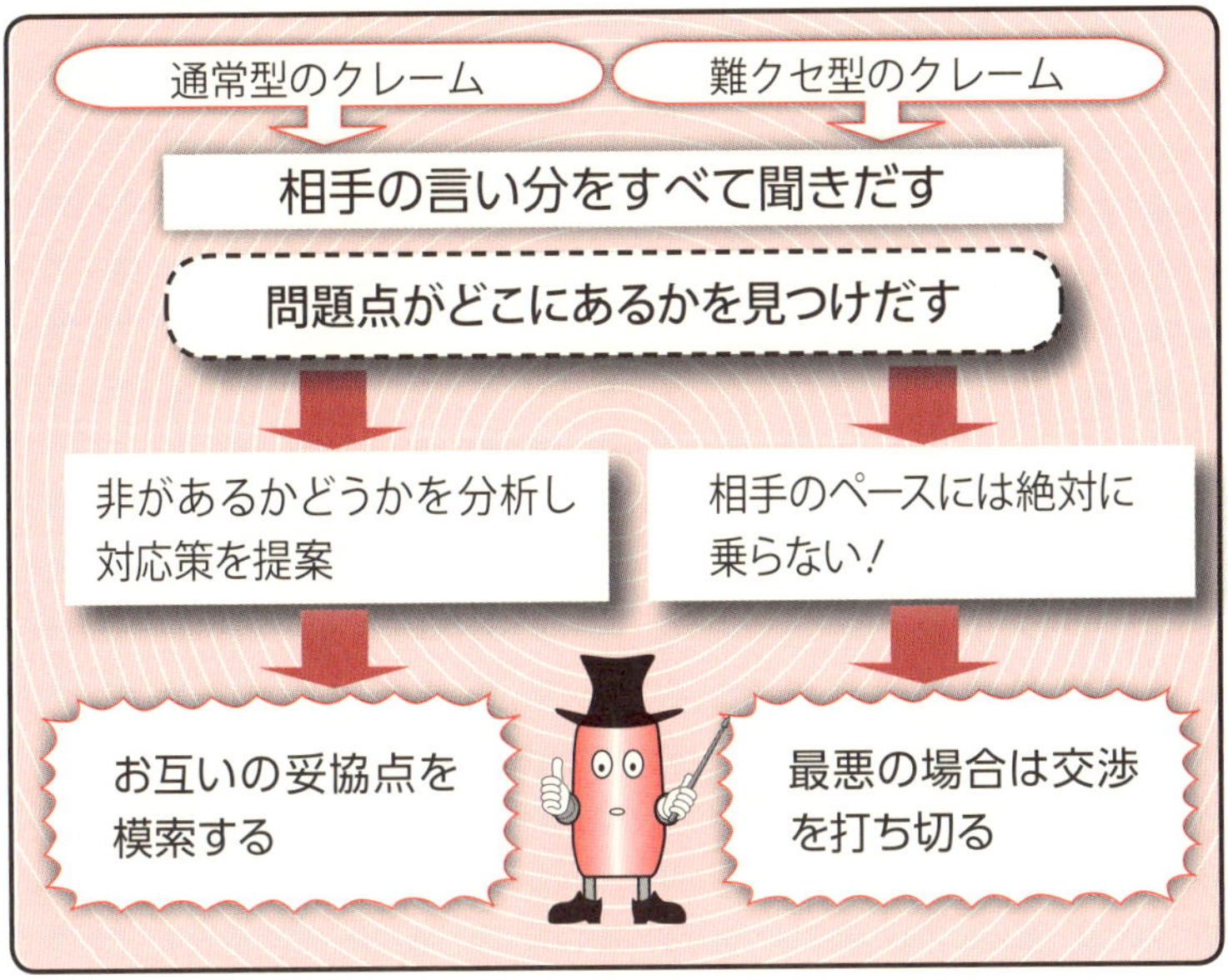
通常型のクレーム
難クセ型のクレーム
相手の言い分をすべて聞きだす
問題点がどこにあるかを見つけだす
非があるかどうかを分析し対応策を提案
相手のペースには絶対に乗らない！
お互いの妥協点を模索する
最悪の場合は交渉を打ち切る

銭を巻き上げようとするものです。

だいたいがあり得ないような話をことさら大きくして、大きな声で怒鳴りつけたり威嚇《いかく》したりして思いを遂げようとするのです。

これに対しては冷静に話を聞き、相手のペースに乗らないことが最も大切で、不当な要求には絶対に屈しない態度で臨むことです。

クレームを言ってきた相手が、どのような目的なのかをできるだけ瞬時に見極めて対応することで、その終着点が見えてきます。

お客「ねえ、これ、先ほどいただいたのね。帰って着てみたらサイズが小さくて背中のチャックが閉まらないのよ。返品してちょうだい、値札も領収証もあるわよ」

店員「お客様、大変申し訳ございませんが、こちらはバーゲン品ですので返品はできかねますが……。そこにも書いておりますが、バーゲン品のお取り換え・返品はいたしておりませんので……」

お客「知ってるわよ。でも着られないものはダメでしょう、捨てるしかないのよ、もったいないでしょう。だから返品して！」

店員「そうおっしゃられましても……」

着られない、捨てるしかないから返品しろと、自分勝手な言い分を並べたてていますが、結局は自分がサイズをよく確かめなかったことに端を発しているわけで、交換ができないことも知った上でのクレームですから、かなり悪質と言わざるを得ません。

ゴリ押しで目的を達成しようと、理屈の通らない要求を平気で言いたて、当たり前のように主張する神経の持ち主は始末が悪いタイプです。

相手の目的を判断したら それに見合った解決法をとる

「これは悪質クレーマーだな！」と判断したなら、要求には応じられないことをお詫びして、お引き取り願うように対応します。

お客「ねえ、これ先ほどいただいたのね。帰って着てみたらサイズが小さくて背中のチャックが閉まらないのよ。返品してちょうだい、値札も領収証もあるわよ」

店員「お客様、大変申し訳ございませんが、こちらはバーゲン品ですので返品はできかねますが……そこにも書いておりますが、バーゲン品のお取り換え・返品はいたしておりませんので、申し訳ございません」

お客「知ってるわよ。でも着られないものはダメでしょう、捨てるしかないのよ、もったいないでしょう。だから返品してほしいって言ってるのよ」

店員「お客様、誠に申し訳ございません。こちらの品は当店では、お買い上げの際にお客様に交換・返品不可の確認をしているはずですので、返品はできかねます。申し訳ございません」

相手がうるさいからとか、面倒くさいからと返品に応じてしまうと、例外を作ることになります。

次回は、

「この前はよかったのに、今度はどうしてダメなの？」

と、またもゴリ押しされる材料に使われてしまいます。

また「あの店は、ゴリ押しすれば言うことを聞いてくれる」などの噂が広まれば、その手の仲間を呼び寄せてしまうことにもなるかもしれないので、将来のためにもマイナスにしかなりません。

相手が悪質クレーマーだと判断したら、毅然とした態度で、要求には応じられない姿勢を貫くことが重要です。

Point

1・クレーム相手の目的がどこにあるのかを見極めて対処法を考える

2・悪質クレーマーだとわかったら要求には応じない姿勢を貫く

相手の目的と終着点をはっきり把握する！

鉄則12

「社長を出せ」と言われたときの対処法

「上司を出せ」「社長を出せ」と言うクレーマーの心理を読む

応対した者とクレーマーの間で、話し合いがまとまらず問題が解決しない場合に「お前じゃ話にならないから上司を出せ」「社長を出せ」という展開になることがあります。

どちらかといえば理不尽な要求を相手に認めさせようとする場合によく見られる光景ですが、本当に上司や社長を呼んでほしいわけではなく、担当者に圧力をかけるための方便として言っていることが多いものです。

自分の正当性を証明するための手段として、担当者より上の者に判定してもらいたい、という思いもあります。潜在的には、自分は客なのだから、上司なら客の立場を尊重し、部下をなだめすかして自分の思い通りにしてくれるかもしれない、などという淡い期待の表れだったりします。

ただし、相手の目的が金銭要求や特別待遇を求めて「社長を出せ」と言っている場合は、相手は間違いなく悪質クレーマーですから、このときは客ではなく悪質クレーマーへの対応に切り替えなければなりません。

悪質クレーマーには拒否の姿勢で臨むのが鉄則ですから、上司や社長にご登場願うのは最終段階、究極のときと考えておけばよいでしょう。

ここでは交渉が難航し、客が担当者に圧力を

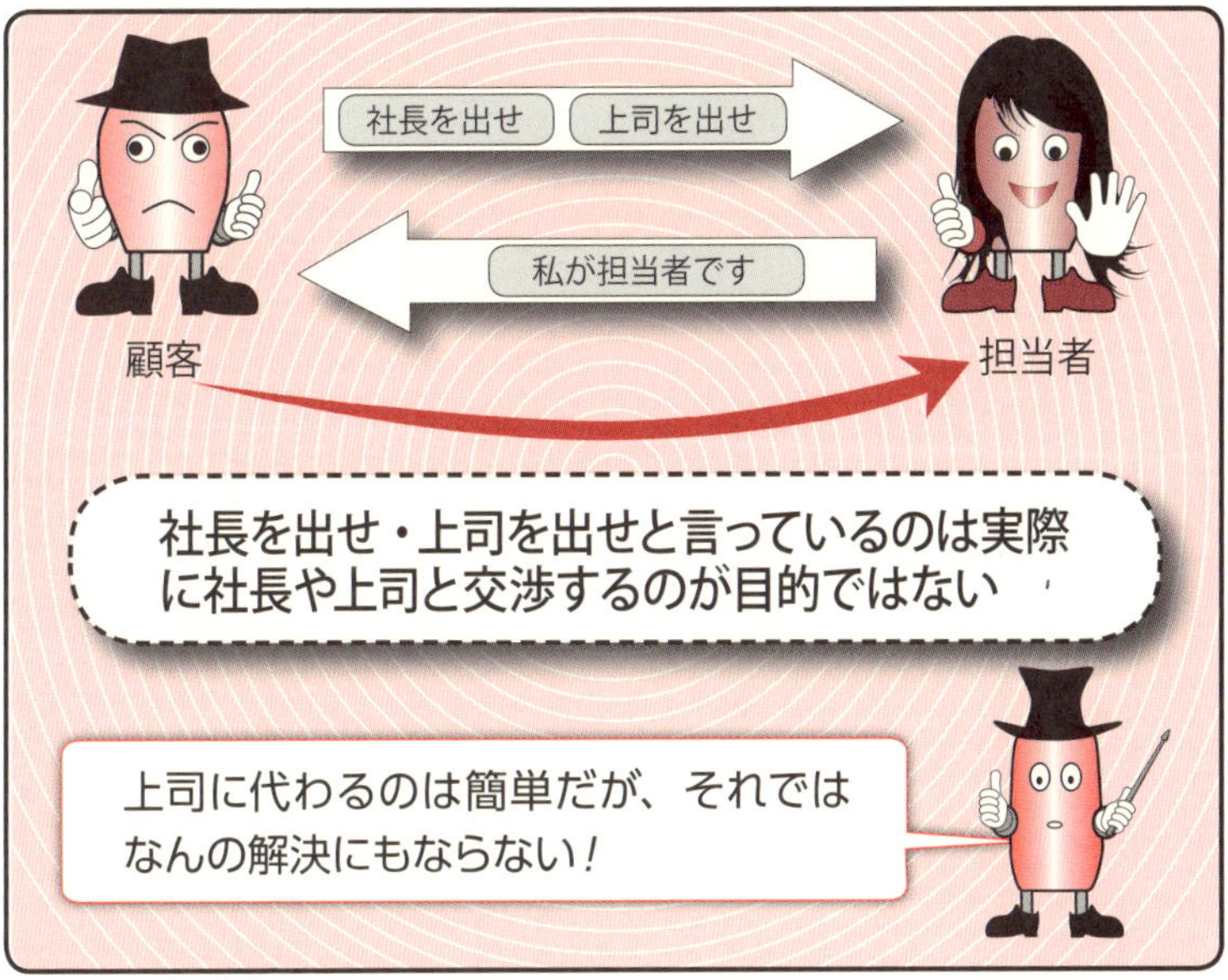
社長を出せ
上司を出せ
私が担当者です
顧客
担当者
社長を出せ・上司を出せと言っているのは実際に社長や上司と交渉するのが目的ではない
上司に代わるのは簡単だが、それではなんの解決にもならない！

かけて、なんとか自分の要求を通そうとしている場面を想定してみることにしましょう。

クレーマー「さっきから聞いていれば、お前、オレのこと全然理解しようとしていないじゃないか。お前じゃ話にならない、上司を出せ、上司を！」

担当者「お客様、私はお客様のおっしゃっていることは、理解しているつもりでございます」

クレーマー「お前の弁解を聞いたって、なんにもならないんだよ。理解しているって言うんだったら、こちらの言う通りにしてくれるはずだろ？　してくれるのかよ」

担当者「お客様の言う通りとおっしゃられましても……」

クレーマー「できないなら上司を出せって言ってんだよ、それならできるだろ？」

担当者「………」

この担当者はすっかり相手のペースに乗ってしまい、冷静さを失っています。

しかもそれ以前に、曖昧なことを言ったり頼りないことを言ったりしている様子もうかがえます。このような場合、大声で怒鳴りはしなくとも「ちょっと申し訳ないけど、話のわかる人に代わってくれないか」と、言いたくなってしまう気持ちもわからなくはありません。

とはいうものの、どのような場合であれ途中で担当者が替わるのは、相手の要求に屈することに違いはありませんから、ここは仮に大声を出されようとも怒鳴られようとも、状況把握に努めなければならない場面です。

毅然とした態度で自分が責任者であることを説明する

では、クレーマーが「上司を出せ」「社長を出せ」と言った場合には、具体的にどう対応すればよいのでしょうか。

クレーマー「さっきから聞いていれば、お前、オレのこと全然理解しようとしていないじゃないか。お前じゃ話にならない、上司を出せ、上司を！」

担当者「お客様、この件に関しましては、私が担当者でございます。私が対応させていただく以外にありませんので、悪しからずご了承くださいませ」

クレーマー「お前はなんの決定権もないんだろう。それじゃあ話が進まないんだよ。だから決定権のある上司か社長に代われって言ってるんだよ」

担当者「先ほども申し上げましたが、この件に関しましては私が社を代表させていただいております。私ども内部の者で協議検討し、責任を持って対応させていただくものです」

クレーマー「ムム……」

このように毅然とした態度で対応し、上司や社長が出てこない理由を冷静に説明すれば、それだけでこちら側から応酬することにもなります。

相手は「上司を出せ」「社長を出せ」と言ったところで、それでなんとかするというよりも、目の前の担当者をビビらせる目的で言っていることがほとんどですので、冷静に対応されればそれ以上の要求はしなくなるはずです。

どのような場合でも、不用意な発言は慎まなければなりませんが、言われっぱなしというのも相手を増長させるので、ケースバイケースで的確な切り返しは普段から訓練しておくとよいでしょう。

相手のペースに巻き込まれないよう冷静に対応するよう心掛けましょう。

Point

1・担当者に圧力をかける目的で「上司を出せ」ということもある

2・上司が出てこない理由を冷静に説明できるとそれが相手へのけん制になる

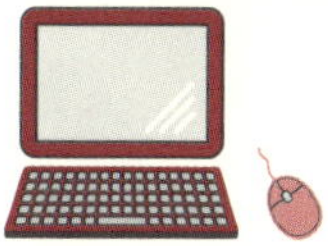

「上司を出せ」「社長を出せ」は本音ではない！

Column Ⅲ

悪質クレーマーから狙われやすい食品業界の現状と防御策

食品衛生上のクレームは、異物混入から始まり、食品の産地偽装、賞味期限、食中毒など多方面にわたります。最近は野菜や果物、鮮魚の原産地表示をし、消費者への安全サービスと信頼を高めています。

それはクレームを防ぐためのセルフディフェンスともいえるでしょう。食品メーカーのコンプライアンス（法令順守）は、非常に高まってはいますが、今なお食品やサービス面での不適切なミスがあり、それが原因で客の理不尽で不当なクレームも巧妙にエスカレートしていることは否定できません。

有名食品会社の菓子製品の中にプラスチックの破片が混入していたとして怒鳴り込んできた自営業の男が、「胃に穴があいた」と現金500万円を要求したトラブルがありました。執拗なクレームです。

会社側は誠意を持って対応しましたが、男は「慰謝料500万円を出せ！」の繰り返しです。困り果てた企業は最終的に弁護士に相談し、法的措置をとると通告したところ、やっと男からの不当な要求はなくなったとのことです。

第3章

心理トリックを活用した対処のコツ

鉄則13

顧客の怒りや不満が収まるまで聞き役に徹する

相手の攻撃的な言い方はストレスの吐け口と考えよう

顧客からのクレームと言えば、だいたいは必要以上に攻撃的であったり、強い口調のものが多いはずです。

悪質なクレーマーではなく一般の顧客であっても、やはりクレームを言ってくるからには、それなりの覚悟を持ってきているはずです。そうなるとどうしても相手に言いくるめられないようにといった警戒心も働き、自分を奮いたたせようと強い口調で迫ってくるわけです。

お客「あのー、おたくで先日スカートを買ったんですけど、一回はいて出かけたらチャックが壊れてしまって、二度とはけなくなってしまったのよ。おかしくない？　これって不良品でしょ」

店員「それは誠に申し訳ございません」

お客「私が何か変なことでもしたのなら私のせいだけれど、普通にはいていただけで壊れるなんておかしいわよね。もともとが不良品だからでしょ」

店員「はい……」

お客「どうしてくれるのかしら」

店員「どうしてと言われましても……」

お客「あなた私の話を聞いているの？　もう二度とはけないって言っているのよ」

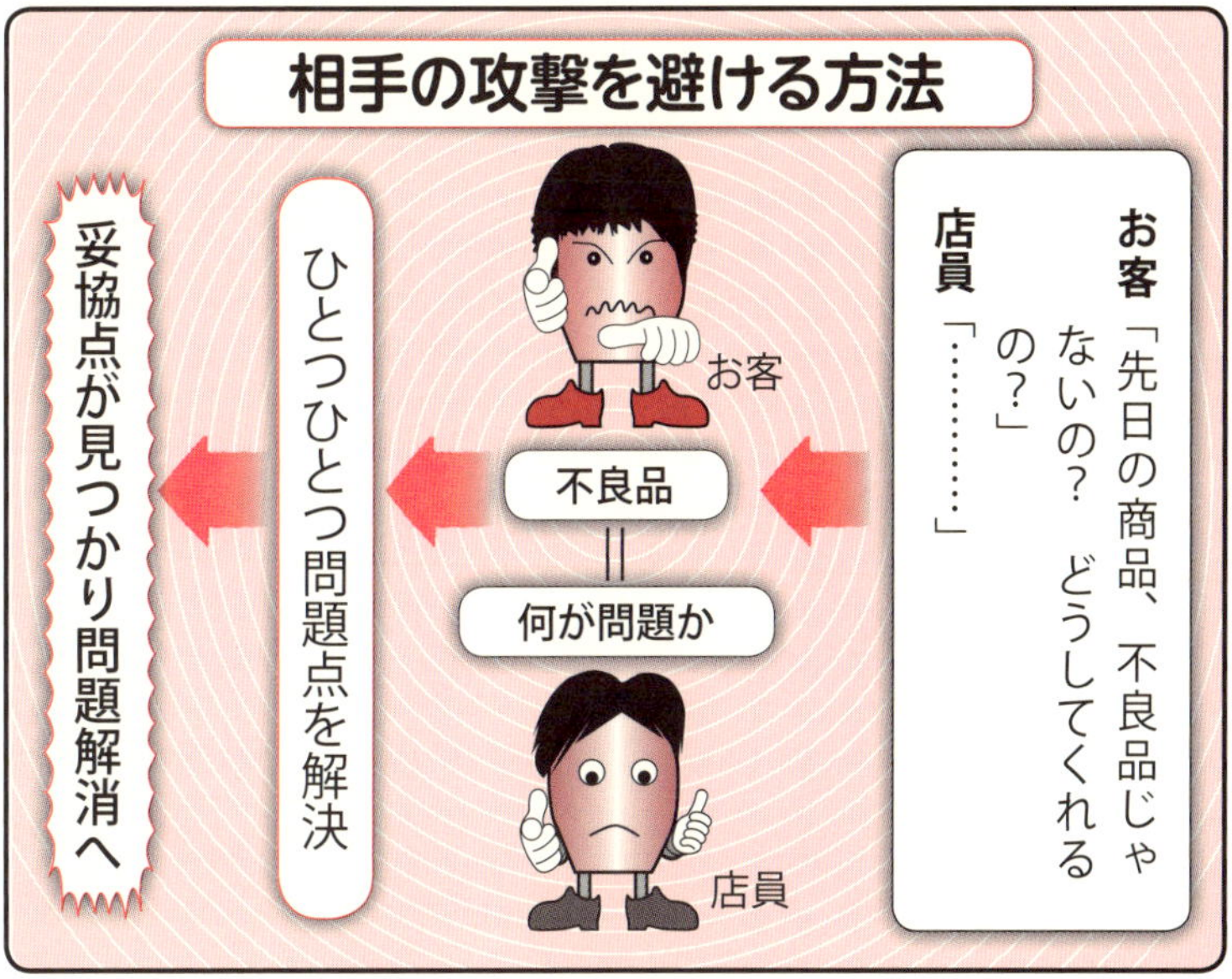
相手の攻撃を避ける方法
お客「先日の商品、不良品じゃないの？　どうしてくれるの？」
店員「…………」
お客
不良品
＝
何が問題か
店員
ひとつひとつ問題点を解決
妥協点が見つかり問題解消へ

店員「……」

　このようなことをヒステリックに言われると、言われた店員は自分に敵意を持っているのではないかと受け止めがちですが、実際のところは単にストレスがたまっていたり、承認欲求が満たされていないことが原因であったりすることがほとんどです。

　ですから、あなたに敵意があるわけではないのです。このような相手は壊れたチャックを材料にして、不満や怒りの感情をぶつけていると考え、しばらくは聞いているだけでよいでしょう。

どこに問題があるのかをひとつひとつ聞いていく

　客の口調がどんなに強くても、興奮していたとしても、怒りの感情の部分は聞き流さなければいけません。客の怒りが収まったところで、クレームの解決を図るための情報を収集し、どこに問題があるのかを冷静にひとつひとつ質問していく作業に入ります。

お客「あのー、おたくで先日スカートを買ったんですけど、一回はいて出かけたらチャックが壊れてしまって、二度とはけなくなってしまったのよ。おかしくない？　これって不良品でしょ」

店員「それは誠に申し訳ございません。壊れたのはチャック部分だけですか？　それとも布地のほうまで破れてしまいましたか？」

お客「布地も少し破れているわね」

店員「そうですか。お客様のサイズについてお聞きしてもよろしいですか？」

お客「私、普段は11号サイズなの。でもこのスカートは試着してみたら9号だったけど、問題なくはけたのよ。プリーツもあるし、ゆとりさえ感じたのよ。だからサイズは間違っていないはずよ」

店員「そうですね、サイズ表示はひとつの目安ですからご試着なさっていらっしゃるのでしたら、間違いはありませんね」

お客「この色とデザインが気に入ったのね、だからとても残念なの。やはり11号じゃないと無理なのかしら」

店員「こちらはプリーツもありますから、お直しの際にちょっと広げて修繕ができるかと思いますが、お直しということでいかがでしょうか」

お客「そお、少し広げて直していただけるのね」

店員「はい、そのようにいたします」

このように質問形式で問題点をはっきりさせていくと、客はちょっとサイズは小さいけれど試着をするとはけてしまったので、色とデザインが気に入ってスカートを買ってしまったことを自分で確認することになります。

不良品ではなく、無理なサイズ選びが原因でチャックが壊れてしまったのですが、ここでは自分から「11号じゃないと無理なのね」という言葉を引きだすことが大切で、「お客様のサイズはやはり11号じゃないと無理ですね」などと、店員に先に言われてしまったら人間の心理としてこうはいかないことを知っておきましょう。

少しでも自分を細く見せたいという心理が働いて、サイズの小さいほうがはけたなら、あまり深くは考えずに小さいサイズを購入する人もいます。

鏡の前でスカートをひらひらするだけの試着とは違い、実生活では立ったり座ったり、お腹いっぱい食事をしたりとなると、試着室ではけたからといっても、現実には無理な事態が起こることもあるのです。

この店員は**「サイズ表示はひとつの目安」という言い方をして、試着の確認をしている**ところは、客にしてみると、好感の持てる応対と受け取られるのではないでしょうか。

Point

1・怒りの感情部分は聞き流す

2・質問形式で問題点をチェックしていくと、客は問題がどこにあるかを知り納得する

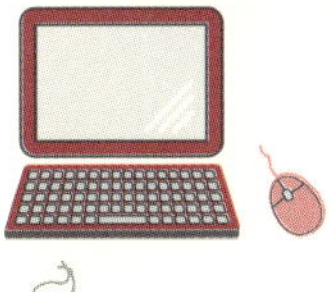

効果的な質問で問題点をはっきりさせる!

鉄則14

相手を説得しないで丸く収める方法

まともに説得しようとすると逆に客の怒りは大きくなる

理不尽なクレームを言ってきた相手に対して、まじめに仕事に取り組んでいる人ほど、こちらの事情を説明して相手に理解を求め、説得しようと一生懸命になるものです。

しかしそのような客は、元来説得なんかされたくないと思っていることがほとんどなので、説得などしようものなら、かえって怒りは大きくなって怒鳴りだしたりすることになります。

お客「この間、おたくの店で買ったチーズだけど、食べようと思って開けたら白くなっていて、気持ち悪いから捨てたのね。賞味期限が切れているわけじゃないのに食べられないのって、おたくの管理に問題があるんじゃないの？」

店員「いつのお買い求めですか？」

お客「いつってもうわからないわよ。レシートもないし」

店員「お買い求めの日にちがわからないと、なんとも申し上げようがないのですが……」

お客「いつもおたくで買っているのよ」

店員「当店ではチーズは賞味期限の2週間前までには売り切るようにしておりますので、食べられないようなものは販売しておりません。チーズの種類はなんでしょうか。も

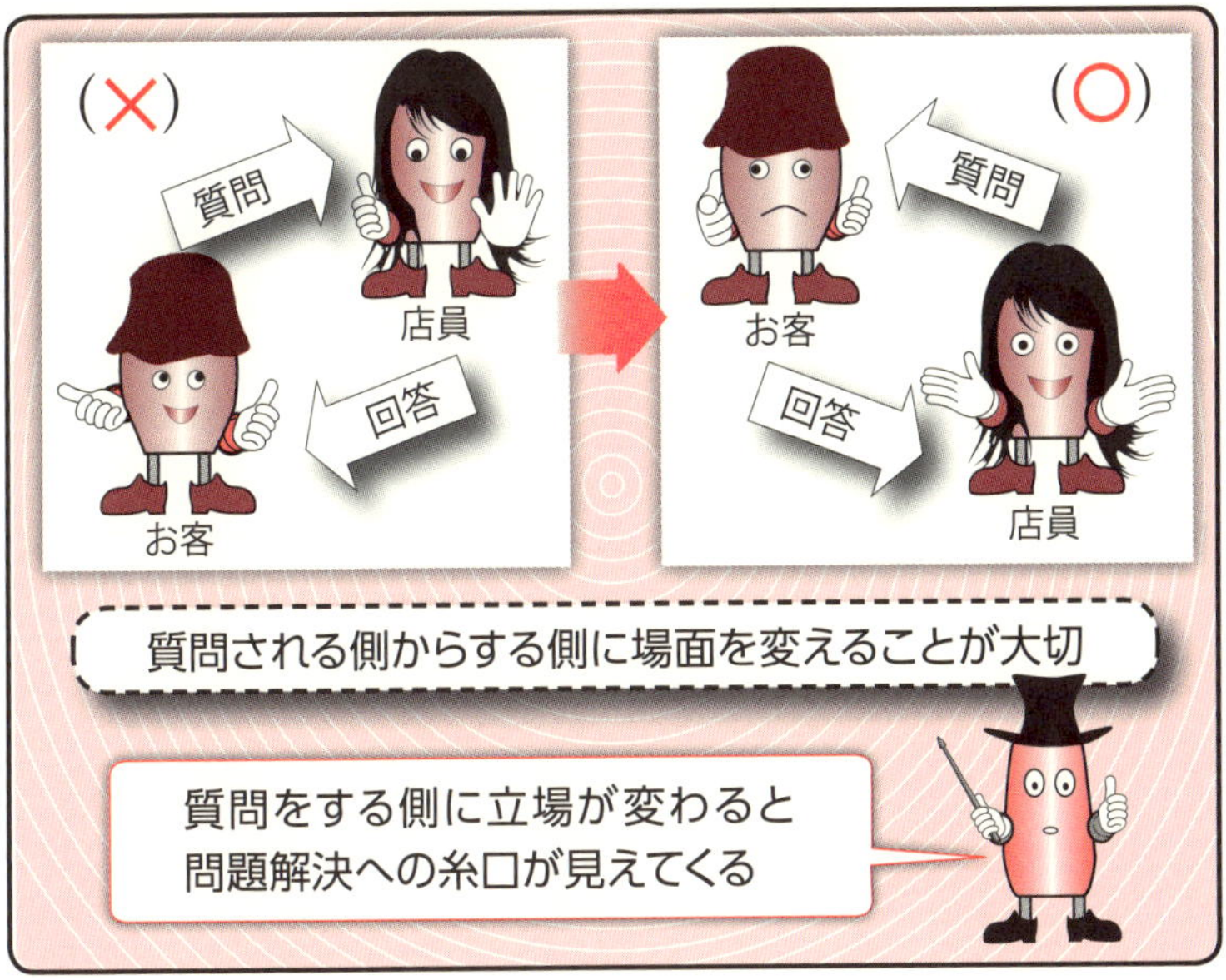
（×）
質問
店員
お客
回答
（○）
質問
お客
回答
店員
質問される側からする側に場面を変えることが大切
質問をする側に立場が変わると
問題解決への糸口が見えてくる

しブリーチーズでしたら、白カビのチーズですから、白くていいのですが。ブリーチーズでしたか？」

お客「そんなのわからないわよ。白くて気持ち悪いから捨てたって言ってるでしょ！」

店員「白いチーズはブリーとカマンベールの2種類がありますが、どちらも……」

お客「そんなこと聞いていないわよ。いい加減にして、あなたじゃ話にならないから店長さんを出して！」

チーズが白くても食べられることの説明をしようとしても一向に聞く耳は持たず、根拠もなく気持ち悪いの一点張りで、怒りだしてしまうような始末です。

しかもレシートもないとなればいつどこで購入しているのかもわかりません。理不尽としか言いようのない相手です。

相手を説得するのではなく相手に説得される場面を作る

このような相手は、こちらが説得するのではなく、客が説得されていると思わせない雰囲気を作りだすことがまず第一に必要なのです。

そのためには客にある程度主導権を与えているように店員が振る舞い、客の意見にしたがって店員が説得されているかのように対応するのです。

お客「この間、おたくの店で買ったチーズだけど、食べようと思って開けたら白くなっていて、気持ち悪いから捨てたのね。賞味期限が切れているわけじゃないのに食べられないのって、おたくの管理に問題があるんじゃないの？」

店員「ありがとうございます。当店ではチーズに力を入れておりまして、この地域では種類が豊富なことでお客様の支持をいただいております。お買い上げのチーズですが、周囲の白い部分がちょっと毛羽立つような感じではなかったですか？ よろしかったらレシートもご一緒にお持ちいただけませんか？」

お客「そうそう、毛羽立つような感じだったから腐ってるのかなと思ったの。でも、もう捨ててしまったのよ。レシートもないのよ」

店員「そうですか、それは残念です。よろしかったら今度当店にお立ち寄りの際に私にお声をおかけください。チーズのお好きな方にいろいろ知っていただきたいのです」

お客「わかったわよ、捨てなければよかったってことよね」

店員「はい、もし不安でしたらこちらへお持ちいただければよかったと思います」

お客「もう捨ててしまったの。レシートもないし、もういいわ」

店員が**「こういうことではないのですか？」**と聞くことで、客は説得されていると思わずに、むしろ自分が説得して店員に承認を与えているような錯覚に陥るのです。

あくまで低姿勢で相手を責めることはないものの、証拠の品の提示を求めることで客は自分の失態に気がつきます。また、客を立てて客の思っていることを代弁するような言い方が効果を上げています。

「周囲の白い部分がちょっと毛羽立つような感じではなかったですか？」

この言葉で、客は店員が自分の気持ちを代弁してくれているような気分になるのです。

店員は客を責めるのではなく、終始おいしいチーズを食べていただきたいという姿勢を貫いていて、真相がわからないことを「残念です」と表現しています。

すると客は、現物のチーズとレシートを持ってこなかったことの失態に気づくのです。

Point

1・客を説得しようとすると、怒りはますます大きくなる

2・店員が客に説得されているような場面を作ってしまうと効果的

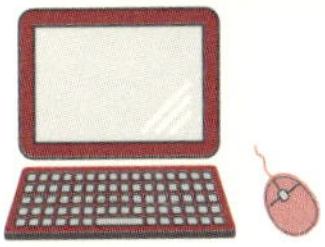

人は説得するのは好きでも、されるのは嫌い！

鉄則15

感謝やほめ言葉でこちらのペースに誘導する

客の承認欲求を満たすことを忘れてはいけない

クレームにもさまざまなものがありますが、金品を目的とするような悪質のものではない、いわゆるまともなクレームに対しては、相手の要求にきちんと応えてあげることで、円満解決を図ることもそう難しいものではありません。

お　客「おたくの販売員に勧められてね、50万円もする大型テレビを買ったんだけどね、50万円といったらかなりの金額でしょ？」

対応者「はい、それはそうですね」

お　客「そうですよね。それなのにテレビをつけてリモコン操作して、ちょっとわかりにくいところがあってすぐ販売員さんに電話したら、それは取扱説明書を読めばわかるはずですって言うのよ。頭にきちゃってさ、もう返品しようかと思ってるのよ」

対応者「えー、返品ですか……」

お　客「だって、取り説読めばいいなんてわかっているんだけど、めんどくさいから電話したわけじゃない。誠意を感じられないんだよね。売るときは調子のいいこと言うけどさ、買ってしまうとまるで手のひら返しのような仕打ちだよね、すごく気

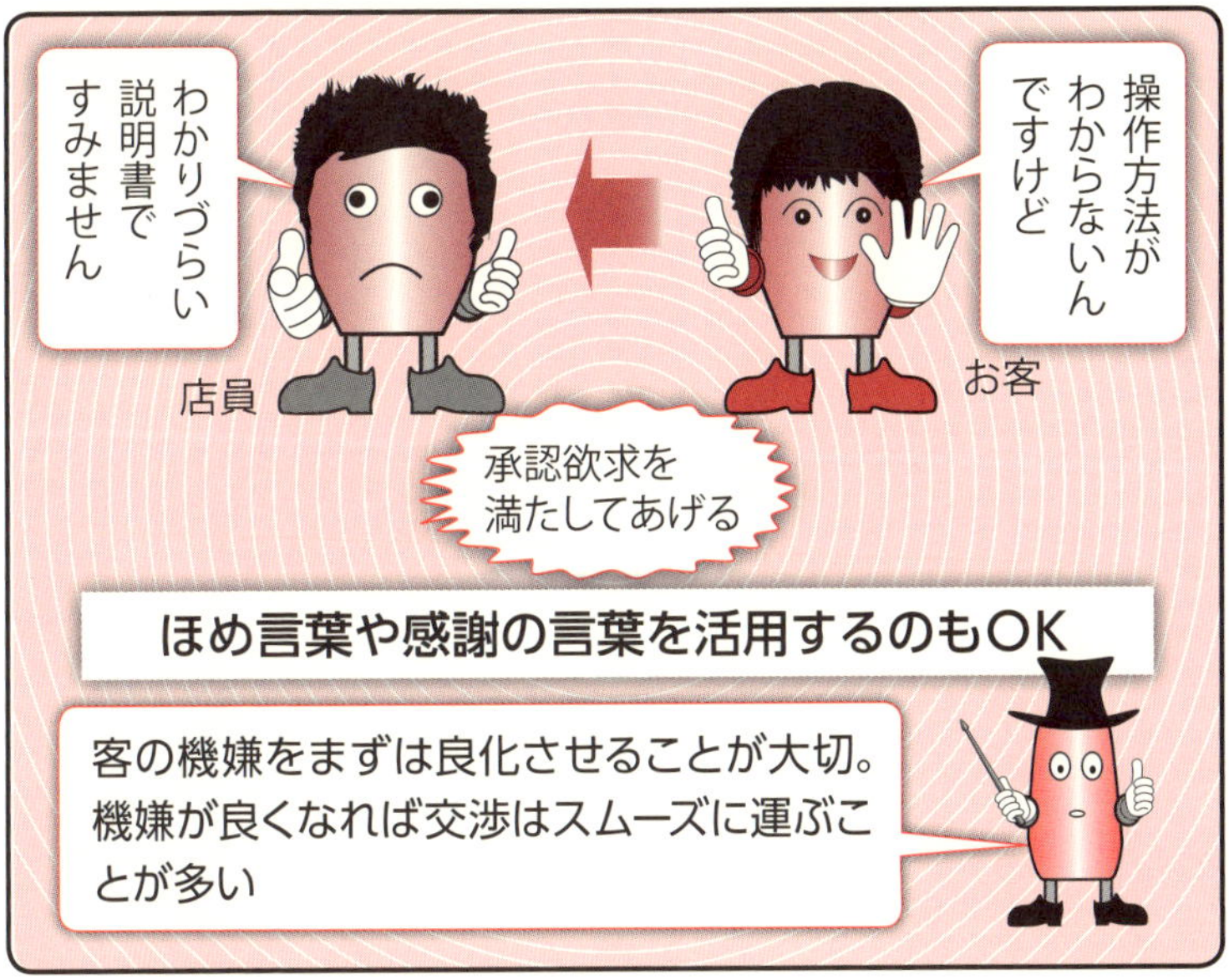
操作方法がわからないんですけど
お客
わかりづらい説明書ですみません
店員
承認欲求を満たしてあげる
ほめ言葉や感謝の言葉を活用するのもOK
客の機嫌をまずは良化させることが大切。機嫌が良くなれば交渉はスムーズに運ぶことが多い

分が悪いわけ……」

対応者「申し訳ありません」

この手のクレームは、50万円もの高額商品を買ったのに、それに見合った扱いをされていないことに不満を言ってきているケースで、クレームのなかでも多くを占めている事例のひとつとなっています。

こうしたクレームについては、客に納得していただくことが第一で、次に承認欲求を満たしていただくために、ほめのテクニックが効果的であることを覚えておく必要があります。

クレームを受けた最初の段階から「**貴重なご指摘をいただきありがとうございます**」と、客を持ち上げるような心構えで向き合うのです。

また「**いつもご利用いただいているお客様に**」とか「**お客様のように高額商品をご購入いただいた方には**」などのように、客が特別な存在であることを強調する言葉も意識して使っていきましょう。その言葉によって客のクレームを言い続ける戦意が失われることにつながります。

ほめ言葉や感謝の言葉を活用する

ほめ言葉を駆使することは客の承認欲求を満たし、クレームを円満解決へと導くカギとなる大きなポイントです。

お　客「おたくの販売員に勧められてね、50万円もする大型テレビを買ったんだけどね、50万円といったらかなりの金額でしょ？」

対応者「はい、それはもう大変高額でございます」

お　客「そうですよね。それなのにテレビをつけてリモコン操作して、ちょっとわかりにくいところがあってすぐ販売員さんに電話したら、それは取扱説明書を読めばわかるはずですって言うのよ。頭にきちゃってさ、もう返品しようかと思ってるのよ」

対応者「それは大変申し訳ございませんでした。不適切な対応、心よりお詫び申し上げます。お客様のように高額商品をお買い上げいただきましたら、アフターサービスに努めなければならないのは、まったく当然のことでございます」

お　客「そうだよね、あなたよくわかっているね」

対応者「恐れ入ります。もしよろしかったら私のほうで早急にリモコン操作についてお調べさせていただきますが、いかがでしょうか？」

お　客「そう、じゃあそうしてもらおうかな」

このように客の機嫌は簡単に直るものです。客にしてみれば、高額商品を購入したにもかかわらず、それなりの扱いを受けられなかったことが気に入らなくて腹をたてていたのです。

ほめ言葉を言われて嫌な人間はあまりいないはずです。ほめ言葉を積極的に活用していくことが大切になる一例といえます。

またクレームの原因の多くが、このケースのように料金に見合ったサービスが受けられなかったためといわれています。

高額商品をご購入いただいたら、それだけで相手を持ち上げ、ほめ言葉を忘れない心構えを常日頃から意識するのも大切です。

「お客様のように、高額の商品をご購入いただいたのですから、アフターサービスの充実に努めるのは当然です」

「このように高価なお品をお求めいただきましたのにもかかわらず、本当に申し訳ないことでございます」

要は、客の「こんなに高いものを買ったんだぞ……」という優越感を満足させる言葉を、使っていくようにすることなのです。

Point

1・相手の承認欲求を満たすことを忘れてはいけない

2・ほめ言葉や感謝の気持ちを表す言葉は、積極的に使っていく

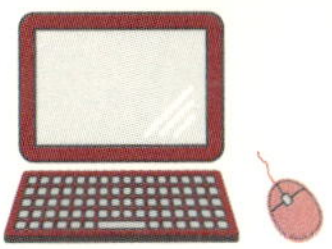

『お客様は特別な方』という印象を与えることが、円満解決へのカギとなる!

鉄則16

「お怪我はありませんか」で怒りは半減する

相手の怒りは共感することで収まるもの

クレームをつけてくる相手の場合、ほとんどが怒っているものです。怒り狂う相手をともかく鎮静させ、まともに会話が成り立つような状況にもっていくのが、対応者が最初になすべきことです。しかし少し対応を間違うと、ますます怒りが大きくなって収拾がつかなくなってしまうこともありますので、要注意です。

女性「ねえ、お店の人います？　店主はいないの？」

店主「はいはい、そんなに大きな声を出さなくても聞こえてますよ。なんですか？」

女性「おたくが道路に出していた看板にひっかかってブラウスが破れちゃったのよ。これから出かけるのにどうしてくれるのよ」

店主「どうしてくれるって、おたくの不注意なんじゃないの。そこ歩いている人たくさんいるけど、そんなこと言う人、初めてだよ」

女性「私のせいだって言うの。いいわよ、それなら警察呼んでくるから」

店主「警察って、ちょっと待ってくださいよ」

さてこの場合、女性が警察を呼ぶと言っていますが、その根拠はどこにあるのでしょうか。店の看板が敷地内にあるなら店主が言うように

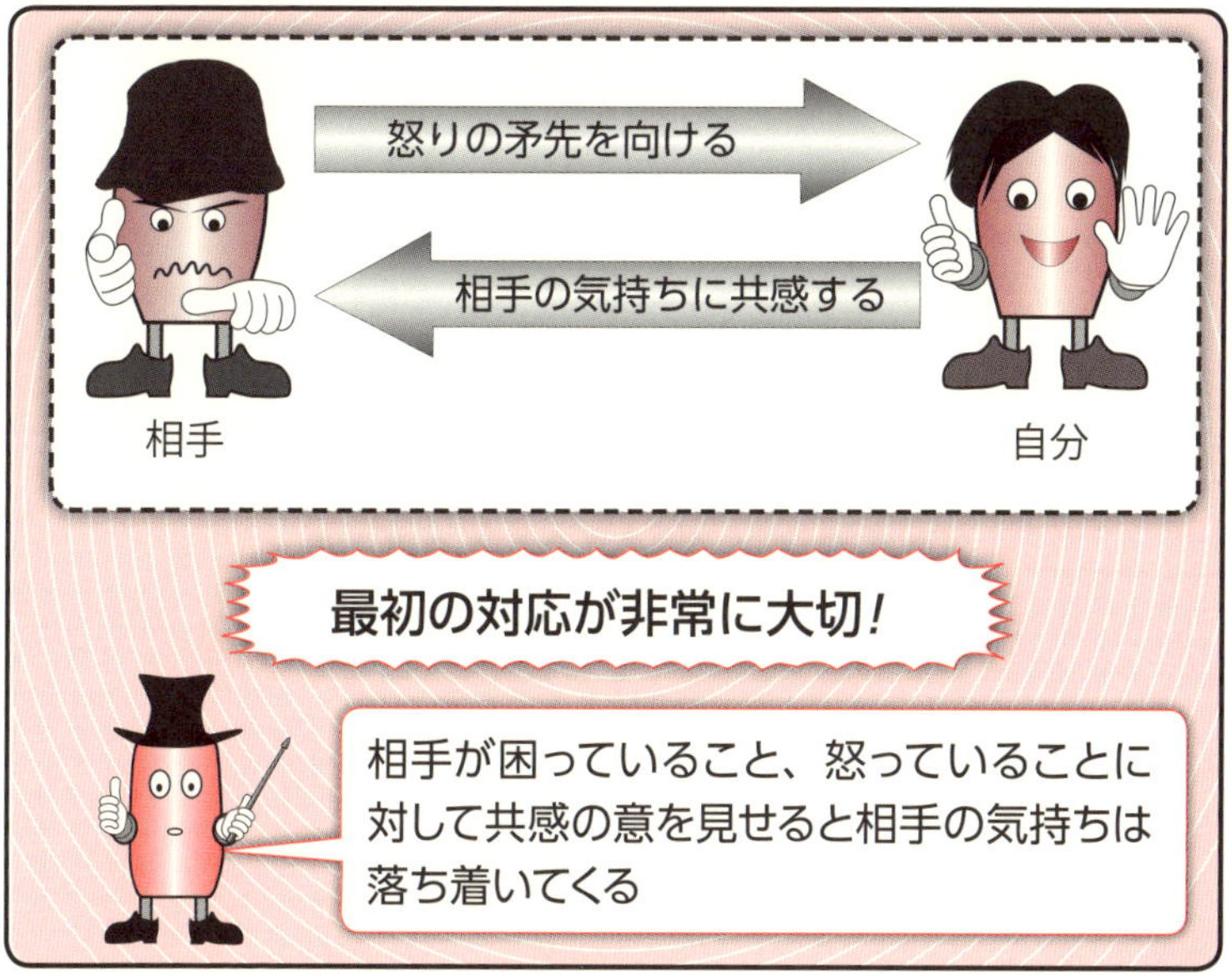
怒りの矛先を向ける
相手の気持ちに共感する
相手
自分
最初の対応が非常に大切！
相手が困っていること、怒っていることに対して共感の意を見せると相手の気持ちは落ち着いてくる

相手の不注意ですむかもしれませんが、公道上に置かれていて通行の妨げになっているというのであれば、店側には過失責任が問われる可能性もあります。

屋外広告は一定の法的規制を受けるものなので、賠償責任が生じないとも限りません。悪質クレーマーに目をつけられたなら、ただではすみません。

そのことを女性が知っていたのかどうかは別として、店主の最初の対応には大いに問題があります。

店の看板にひっかかってブラウスが破れたと言っているのに対して、謝罪もせず事実確認もしないまま、

「おたくの不注意なんじゃないの」

と、一方的に決めつけています。その言葉に女性は怒りを増幅させて警察を呼ぶ、ということになってしまったわけです。

この店主の対応は、最初から大きな間違いを

犯しているまさに最低の対応なのです。

女性「ねえ、お店の人います？　店主はいないの？」

店主「はい、お待ちください、今行きます」

女性「おたくが道路に出していた看板にひっかってブラウスが破れちゃったのよ。これから出かけるのにどうしてくれるのよ」

店主「あら、うちの看板にひっかかったんですか？　それは申し訳ありませんでした。お客様、お身体は大丈夫でしたか、お怪我はありませんでしたか？」

女性「怪我はしていないけど、出かけるのに破れたままじゃしようがないのよね」

店主「本当に申し訳ありません。うちの責任ですから新しいブラウスの購入費用を負担させていただきたいのですが、おいくらぐらいでしょうか？」

女性「このブラウス、値段はたいしたものではないけれど、とても気に入っていたのよね。残念だけど仕方ない、あきらめるわ。その代わり看板気をつけてね、もうこんなことのないようにしてね」

店主「よろしいのですか？　以後気をつけるようにいたします。申し訳ありませんでした」

ともかく客のクレームをきちんと受け止め、まず謝るのが先決です。相手も突然の予期せぬ出来事にとまどっているという状態を理解し、その思いに共感する姿勢が大切なのです。

驚いて怒りの感情が込みあげていれば、まず怒りをその原因となっているものにぶつけるのはある意味人間としては当然ともいえます。

相手が悪質なクレーマーではこうはいかないでしょうが、一般的にこのような場合は最初に相手に共感を示すだけで、気持ちは収まるものです。

最初の対応を間違わなければ、怒りを大きくすることもなく、起こってしまったことの解決策について、冷静に話ができるものです。そのためには最初の対応を間違わないことです。

この店主のような「おたくの不注意なんじゃないの。そこ歩いている人たくさんいるけど、そんなこと言う人、初めてだよ」などと、事実確認もしないで相手に非があるような言い方をするのは、客相手の商売をしている人の態度としては最低です。

こんな言われ方をされたら、予期せぬ突然の事故に遭って困惑する気持ちは、怒りに変わり大きなクレームへと発展するかもしれません。**最初に相手の困惑を理解し、動揺する気持ちに共感してあげられれば、事は大きくならないはずです。**

自己保身の気持ちから相手を責めるような言い方をしてしまうと、かえって痛い思いをしなければならないこともあるので、最初の対応には、十分注意が必要です。

Point

1・相手の気持ちに理解を示し共感すると、怒りは鎮まるもの

2・対応を間違うと、警察沙汰など話は大きくなってしまうこともある

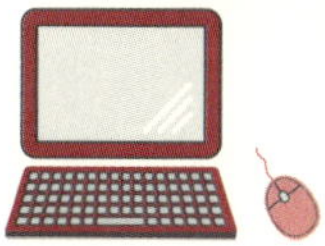

相手に共感すると解決の糸口が早く見つかる!

鉄則17

まずは「申し訳ございませんでした」から

クレーム問題解決の第一歩はまずお詫びから

運悪くクレーム問題が起こってしまったら、まず第一にしなければならないことはお詫びです。クレームの原因や事実確認の前に、ともかくお詫びをしなければなりません。

その理由は、客に不快な思いをさせたことと時間的なロスを引き起こしたことに対しての謝罪が必要だからです。

お客「昨日、こちらでいただいたグラスですけど、家に帰って開けてみたら二つ割れていたのよね、ほらこれよ」

店員「えっ？　昨日私がグラスを確認したときには異常はありませんでしたけど……」

お客「じゃ、私が自分で割ったものを持ってきたというの？」

店員「いえ、そういうことではありません」

この場合、店員が覚えていたように、客が買った時点では壊れていなかったかもしれません。もしかしたら帰り道に客がどこかで落とすかぶつけるかで割ってしまった可能性は考えられます。

しかし、客が購入した品物を店に持ってきた時点で、店側は客の言い分を信じるしかありません。仮に客の不注意で割ってしまったとしても、その証拠はどこにもないからです。

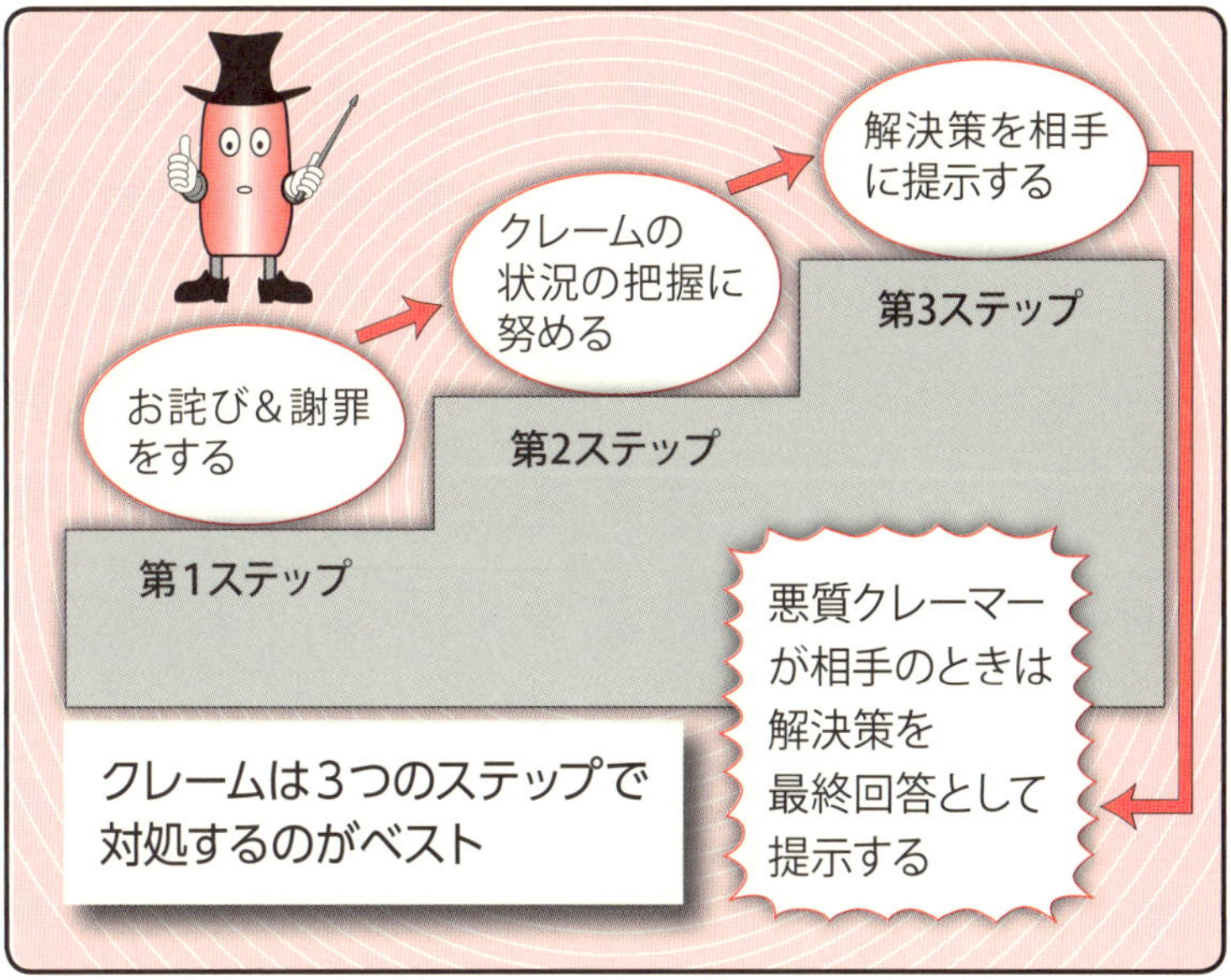
お詫び＆謝罪
をする
クレームの
状況の把握に
努める
解決策を相手
に提示する
第1ステップ
第2ステップ
第3ステップ
悪質クレーマー
が相手のときは
解決策を
最終回答として
提示する
クレームは3つのステップで
対処するのがベスト

クレームを受けたなら、店員は以下のように応じるべきだったのです。

店員「お客様、大変申し訳ございませんでした。お手数をおかけいたしまして恐縮です。お取り換えいたしますが、二つでよろしいですね？」

これでしたら問題はありません。

簡単に謝罪してしまうことで、「最初から割れているものを売っていたのでは？」という信用問題にかかわるのではと懸念されるかもしれません。

が、そうしたことよりも大事なことは、**客の言葉を信じて不快にしている状況に対して謝罪すること**が、大きなクレームへと発展させないための問題解決の第一歩なのです。

解決策を提示すると交渉はまとまりやすくなる

クレーム問題が起こってしまい、非があることがはっきりしたら、まずは迅速なお詫びをし、次に解決策を提示しなければなりません。提示したものを受け入れてもらうことで最終的な結着となるからです。

店長「このたびは当店の床清掃後の水の処理に不手際があり、お客様が転倒なさいましたこと、またその際に花瓶を壊されましたこと、誠に申し訳なく深くお詫び申し上げます」

お客「骨折でもしていたら入院費だ、休業補償だと大変だったはずだよ」

店長「誠に申し訳ございませんでした」

お客「ところで、30万円の花瓶の鑑定結果は出たの?」

店長「はい、数名の鑑定士さんに見ていただきましたところ2万5000円という鑑定額が出ました」

お客「な、何、2万5000円? そんなばかな、30万円で買ったものよ、冗談じゃないわよ」

店長「はい、花瓶代として2万5000円、それにご迷惑をおかけした分を合わせて3万円の賠償しかできません」

このような提案に対して、相手がクレームに乗じて実際の花瓶代以上のお金をせしめようとする悪質クレーマーなら、こちらが出した賠償額に不満を言って、金額の引き上げを図ってくるに違いありません。

お客「せめて半額の15万円なら手を打ってもいいから、15万円で妥協しよう」

などと言ってくるかもしれません。しかし解決策を示したこちら側からすると、これで受け入れられなければ交渉は決裂し、それが不満なら相手には法的手段を取るしかないことを理解してもらう最終局面なのです。

「領収書等、花瓶代を証明していただくものをお示しいただけない以上、この補償額が最終回答となります」

「3万円の賠償額にご納得いただけないのでしたら、提訴していただくほかありませんね」

「お望みの金額ではないかもしれませんが、これが精いっぱいの配慮です」

　などのように、これで最後という意味合いを込めて解決策を提示し、最終回答であることを毅然として示すことで、相手は要求をのむしかなくなります。交渉決裂になってしまえば、相手はなんの収穫を得ることもできなくなるのですから……。それでもどうしても納得できないという相手には**「では、どのようにさせていただくのがよろしいのでしょうか？」**と質問をして、要求を出してもらいましょう。

Point

1・客の言葉を信じて、クレームにはまず謝罪をすること

2・解決策を提示することで、交渉はまとまりやすくなる

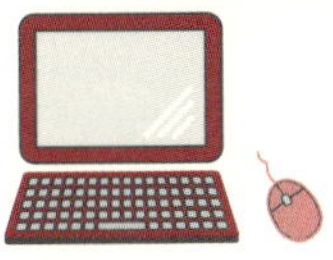

相手に非があるとしても、謝罪することがクレーム問題解決の第一歩！

鉄則18

クレーム客を良い気分にさせる魔法の言葉

クレーム客は怒りの感情に満ちあふれている

どのようなものであったとしても、購入した製品は持ち帰ってすぐに問題なく使用できて当たり前ですが、それが不良品であったり不具合があったりということになると、客の心には不満が募り、怒りの感情がわき上がり、ひと言店に苦情を言わなければ気持ちが収まらなくなるものです。

相手の店に対しては自分が被った迷惑なり不快な状況に、謝罪あるいは補償なりを求めたいと思うことから、クレームを言ってくることになるのです。

怒りの感情や腹がたつ理由は、正当な金額を支払ったにもかかわらず不良品をつかまされた、客としての立場をきちんと認めることがないなどという、あたかも自己否定に近い気分にさせられるために起こってくるものなのです。

お客「私、おたくで炊飯器をいただいたものですが、店員さんに簡単な操作でおいしく炊けるものということで相談して買ったんですけど、特においしくないのよ。これだったらこんな何万円もするものいらないのよ。安いのに交換してよ、できるでしょ?」

店長「交換って、突然言われましても……、パンフレットを読んでやってみましたか?」

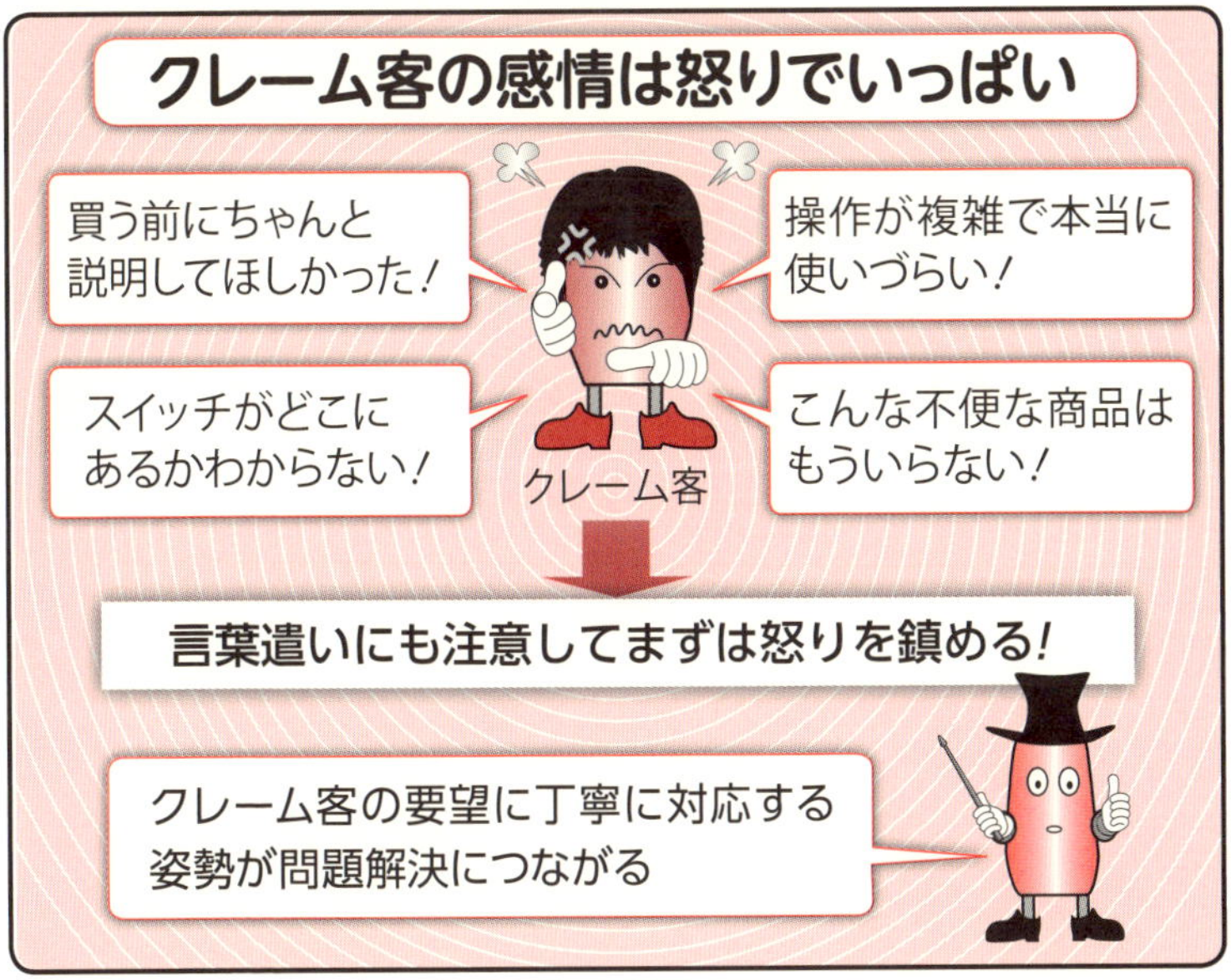
クレーム客の感情は怒りでいっぱい
買う前にちゃんと説明してほしかった！
操作が複雑で本当に使いづらい！
スイッチがどこにあるかわからない！
こんな不便な商品はもういらない！
クレーム客
言葉遣いにも注意してまずは怒りを鎮める！
クレーム客の要望に丁寧に対応する姿勢が問題解決につながる

お客「そんなことしたくないから、簡単な操作でおいしく炊けるのって選んでもらったのよ。なんだかいっぱいボタンがついてるけど、それも気にしなくていいって言うから買ったのに、全然おいしくないわよ」

店員「おいしくないと言われましても、おいしさは人によるものですから、当方としてはどうしていいのかわかりかねます」

お客「どうしていいのかじゃないわよ、もっと責任を持った仕事してよ、こういうことにならないようにと思って相談したのに、なんにもならなかったっていうことでしょ。これだったら自分で選んで買ったほうが、嫌な思いをしないだけよかったわよ」

店員「……」

この女性は、簡単な操作でおいしく炊ける炊飯器がほしいと、店員に相談したにもかかわらず、炊いてみたらおいしくないと言うのです。最近の家電品にはさまざまな機能がついた高性能製品が次々と店頭に並んでいます。
販売する側が簡単と思っていても、使いこなせない客も多いといいます。だからこそよけいに販売する側は、後々クレームとならない接客を心がけなければならないわけです。
クレームを言ってきた客の心の中は怒りでふくれあがっているわけですから、対応した者としては、ともかく客の怒りを収めるよう努力しなければなりません。

怒りを緩和させる言葉とよい気分にさせる言い回し

お客「私、おたくで炊飯器をいただいたものですが、店員さんに簡単な操作でおいしく炊けるものということで相談して買ったんですけど、特においしくないのよ。これだったらこんな何万円もするものいらないのよ。安いのに交換してよ、できるでしょ？」

店員「それは大変申し訳ございませんでした。私が責任を持ってお客様のご要望を承ってまいります。ところで、お客様のおいしいという炊き上がりはどのような感じなのか、おうかがいさせていただいてよろしいですか？」

お客「そうねえ、硬いというほどではないけれど、お米がしっかり立っているような感じかしら」

店員「わかりました。それでしたら右側のボタンを二回押してください」

お客「押したわよ」

店員「そのままの設定で炊いてみてください。それで召し上がっていただいて、気に入らないようでしたらまたご連絡ください。私○△と申しますので、いつでも連絡くださ い、お待ち申し上げております」

お客「やってみるわ。おいしくなかったらまた電話しちゃうわよ、○△さんね」

怒りを収めるためには、こちらの不手際を丁重に詫び、相手の要望に誠意を持って耳を傾け対処する姿勢が大事です。客の立場をきちんと認めてよい気分にさせる言い回しが客の心をほぐすことになるのです。

クレームの内容がどのようなものであれ、初期対応は謝罪です。その際に気をつけなければならないのが、丁寧な言葉遣いです。

お客さんではなく、お客様。スミマセンではなく、申し訳ございません。相手は怒っているのですから、ちょっとした言葉遣いにも敏感になっています。

ひと言ひと言に神経を使い、神妙な態度で客のクレームを受け止めようとする姿勢が望まれます。

悪質クレーマーではない普通の客であれば、それだけで怒りは緩和されるものです。

客の立場に立った対応が一番重要です。

Point

1・クレームを言ってくる客は、怒りの感情に満ちあふれている

2・お客さんではなくお客様！ スミマセンではなく申し訳ございません！

怒りを鎮めるためには、客の立場を認めていい気分になる言い回しをする！

鉄則19 土下座を要求されても絶対にしてはならない

相手の質問に切り返し 悪質クレーマーから回避しよう

悪質クレーマーは、長期戦になることを嫌います。短時間で弱いところを狙って集中攻撃してくるものです。

クレーマーの標的にならないようにするためには、挑発に乗らないようにすることとです。クレーマーは自分のペースに相手を引き込む目的で、対応や返答に困る言葉を浴びせかけるのですから、対応者はクレーマーの質問を回避するような切り返しで、形勢逆転を図るようにします。

クレーマー「土下座しろよ、それなら許してやってもいいよ」

対応者「土下座するんですか?」

これでは相手の思うツボです。ここは毅然として次のように言うべきです。

クレーマー「土下座しろよ、それなら許してやってもいいよ」

対応者「土下座を要求なさるということは強要罪ということになりますが、よろしいのですか?」

土下座を要求することが強要罪という違法行為であることを伝えると、相手はそのことを承

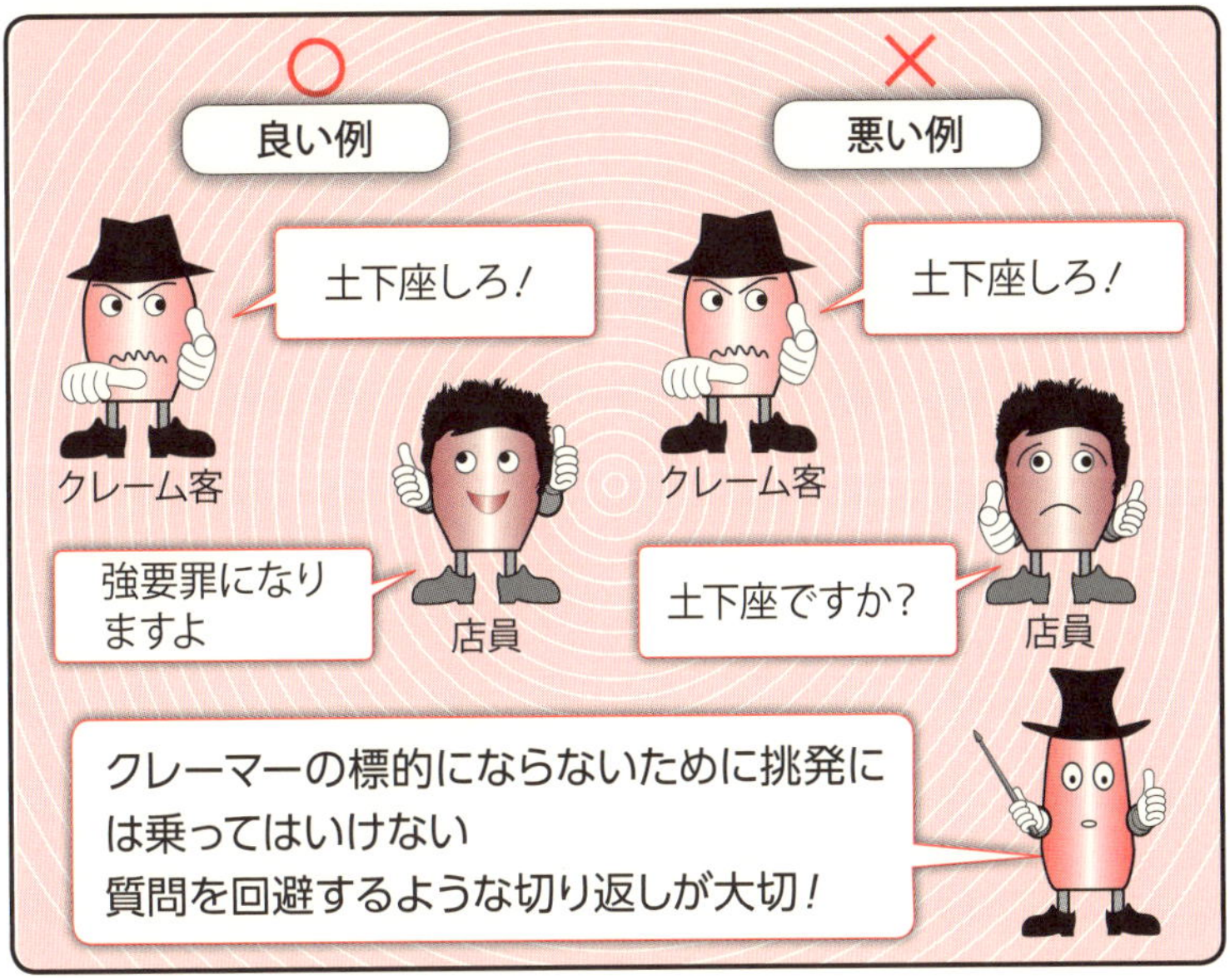
○
良い例
土下座しろ!
クレーム客
強要罪になりますよ
店員
×
悪い例
土下座しろ!
クレーム客
土下座ですか?
店員
クレーマーの標的にならないために挑発には乗ってはいけない
質問を回避するような切り返しが大切!

知しているので何も言えません。

クレーマー「どうしてくれるんだよ、おい、お前の責任なんだからなんとかしろよ」

対応者「なんとかしろと言われましても……」

脅して金品をせしめようと考えているクレーマーは、オドオドする相手をさらに追い詰め、脅しに屈伏させることで目的を達成しようとするのです。それならと、相手の脅しにこちらから乗ってしまうのもひとつの方法です。

クレーマー「どうしてくれるんだよ、おい、お前の責任なんだから、なんとかしろよ」

対応者「お客様、店の者もほかのお客様も、みな怖がっております。私も怖いので警察を呼びますよ」

脅しが常套手段の悪質クレーマーにしてみる

と、脅して思い通りにしたいのですが、警察沙汰となると業務妨害になることを知っていますので、それ以上のことはできず、せいぜい捨て台詞を吐いて退散するしかなくなるものです。相手のペースを乱してしまえば、相手は逃げるしかないのです。

開き直って応酬すれば撃退できる

悪質クレーマーは、なんの根拠もないことをまるで重要なことのように正当化し、相手の弱みに付け込んで攻撃してくるものですが、コンプライアンス（法令順守）を徹底しているのならば、仮に何か問題があるかのように因縁をつけてきたところで、怖れることはないはずです。

クレーマー「お前を訴えるぞ、それでもいいのか」
対応者「訴えるってお客様、私は何も……」

まともに相手にする必要はないと判断したら、クレーマーの言うことは聞き流し、開き直ってしまうと、相手は怒りのやり場がなくなり退却せざるをえなくなるはずです。

クレーマー「お前を訴えるぞ、それでもいいのか」
対応者「訴えるのはお客様のご自由です。それでお客様が納得なさるのでしたら、私どもも司法の場ではっきりさせることはやぶさかではございません」

お詫びをしなければならないときは、どのような相手であっても心からお詫びしなければなりませんが、従う必要のないことには開き直って応酬することも大事なことです。

悪質クレーマーは、些細なことでも話を大きくし、弱点を握っているふうを装って責めたててくるのが常套手段です。

「ネットに書き込むぞ」

「保健所に言ったらどうなるかな……」
「マスコミの知り合いに流してもいいのか」
「本社に言いつけるぞ」

どれも大変なことですが、悪質クレーマーの言うことだから、と開き直って受け流すのが最善の方法です。

常日頃からコンプライアンスに努めているならば、何を言われようと「ご自由に……」と応じていればいいことです。

ただしそれでも追撃をやめない相手には、

「何をなさるのもお客様のご自由ですが、内容によりましては私どもも、それなりの対応をとらせていただくことになりますので、ひと言申し述べておきます」

このくらいは伝えておくとよいでしょう。

クレーマーも、このひと言で少しは冷静さを取り戻すはずです。

悪質クレーマーのつけ上がりを、許してはならないのです。

Point

1・相手の質問には切り返しをうまくすることで解決できる

2・ときには開き直って応酬するのも、悪質クレーマー撃退法になる

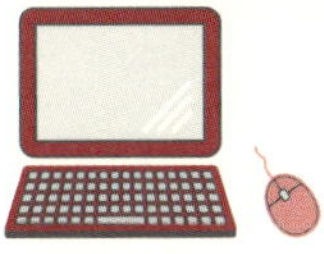

悪質クレーマーのペースに取り込まれないよう応酬する対処法を身につける！

鉄則20

「でも」や「しかし」は怒りを増幅させる

怒りを鎮めるためには「でも」「しかし」は禁句

クレームを言ってくる客の心中は、怒りの感情でふくれあがっているものです。その怒りがクレームの原動力となっているわけですから、クレームを受ける者は客の怒りを鎮めることを念頭において接客しなければなりません。

対応いかんによっては客の興奮をさらにエスカレートさせてしまうことになり、そうなると収まるものも収まらなくなり、収拾のつかない状況を呈してしまいます。

怒りを鎮めるためには、客は困っているという視点で被害状況に耳を傾け、共感する姿勢が求められるというわけです。

軽率に「でも、お客様……」「それは、しかし……」などの逆説を表す言葉を使ってしまえば、客の怒りは爆発してしまうでしょう。

対応者「いらっしゃいませ、お客様。いかがなさいましたか？」
お　客「これね、おたくでいただいたんですけど、ちょっと変なのよ」
対応者「どこが変なのですか？　問題ないと思いますけど」
お　客「ここよ、よく見てごらんなさいよ、子どもだっておかしいのがわかるはずよ」
対応者「あぁ、これですね。でもこれははじめ

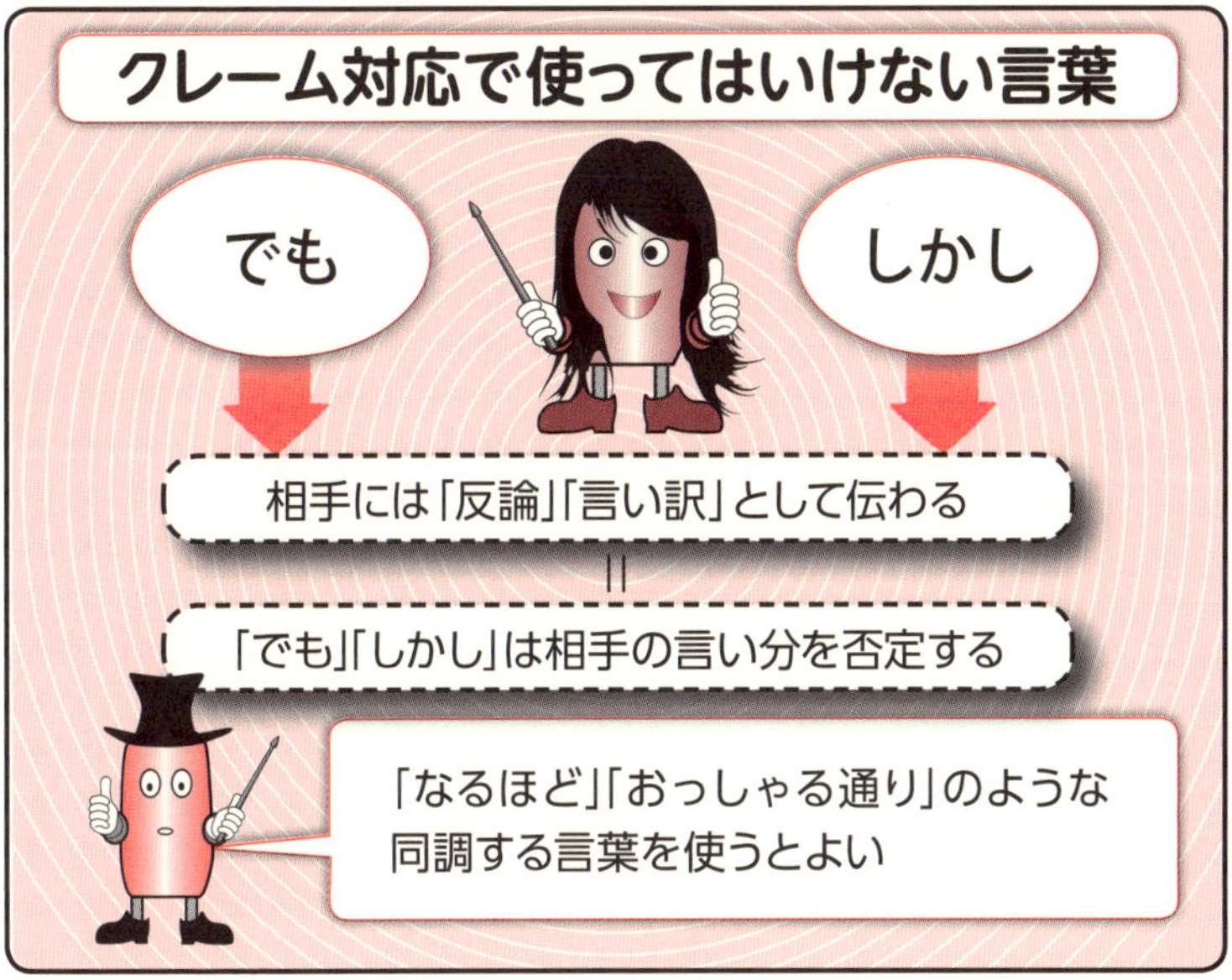
クレーム対応で使ってはいけない言葉
でも
しかし
相手には「反論」「言い訳」として伝わる
＝
「でも」「しかし」は相手の言い分を否定する
「なるほど」「おっしゃる通り」のような
同調する言葉を使うとよい

だけですよ、すぐに慣れますから気になさらず使っていて大丈夫ですよ」

お　客「はじめだけって、あなた1時間くらいならわかるわよ。でももう今日は2日目よ、おかしいでしょ！」

対応者「2日目ですかぁ。しかし使えないというわけではありませんよね」

お　客「使えればおかしくてもいいというの。おかしくないのが普通なのだから、普通じゃないってことでしょ。交換して。できないなら返金してちょうだい」

対応者「ちょっと待ってください。しかし今までにそんなことなかったんですけどね」

お　客「あなた、さっきから聞いていれば慣れるだの、そんなことないだのって、どういうつもりなの、あなたじゃダメだから上の人呼んでちょうだい」

大きなクレームになるかどうかは初期対応に

かかっています。最初にどのように対応するかでその後の方向性が決まるといっても過言ではありません。この場合の対応者は客の気持ちを次々と逆なでして、最初の小さなクレームから大きなクレームへとまるで誘導しているかのようなまずい対応をしています。

クレーム対応は困っている客に同調して、共感の言葉で取り組まなければさらに大きなクレームを引き起こすことにもなりかねないのです。

共感の言葉で同調すると客の怒りは鎮まるもの

対応者「いらっしゃいませ、お客様。いかがなさいましたか?」

お　客「これね、おたくでいただいたんですけど、ちょっと変なのよ」

対応者「拝見いたします。たしかに少し変でございますね。申し訳ございません」

お　客「最初だけかな、と思って様子を見ていたんだけど、やっぱりおかしいので持ってきたのよ。どうすればいいのかしら」

対応者「本当に申し訳ございません。こちら2、3日お預かりさせていただいてもよろしいでしょうか?」

お　客「じつは明日、知人の講演会があってそれに間に合わせようと思って、先日購入したのよ。もし、今日預けしてしまったら明日使えないわよね? そしたらもうなくてもいいのよ」

対応者「なるほど、大事なときにご迷惑をおかけいたしましてお詫びのしようがございません。お客様、では明日お使いになってからお持ちいただくというのはいかがでしょうか? お使いになっても問題はありませんが。お客様がそれでよろしければの話ですが……」

お　客「そうしていただけるのならありがたいわ、じゃそうさせてください」

客の言い分をよく聞いてあげることで、客は怒りを鎮め、冷静な判断もできるようになるのです。客に同調し、共感の言葉を活用すると、歩み寄りの方向性も見えてきます。くれぐれも「でも」「しかし」は、使わないようにするべきです。

客に同調する言葉を使うと、相手から信頼や好印象を持たれます。反対に逆説の言葉はそれだけで、客に嫌な印象を与えてしまいます。

クレーム処理対応では、相手から信頼されたほうが解決への道のりはスムーズに進むはずですから、あえて否定する言葉は使わないようにします。

それだけのことを注意するだけで、客との関係がうまくいくのですから、同調の言葉を効果的に使うのが賢明です。

「なるほど」「ごもっともです」「おっしゃる通りです」などは、いつでも出てくるようにしておきましょう。

Point

1・客の怒りを爆発させる「でも」「しかし」は、禁句と心得る

2・聞き上手に徹することで怒りを鎮め、共感の言葉で同調する

クレームは初期対応が重要！

Column Ⅳ

目に見えないサービスに対する苦情の対処法は慎重な調査が第一！

ホテルといえば、客の評価に最も敏感であり、それによって人気ランクが決まるともいわれています。スタッフの一人ひとりが〝ホテルの広告塔〟といわれ、ホテルマンたちは誇り高い使命と責任感を持っているのです。彼らの仕事ぶり、対応、気配りには多くの人々の視線が集中し、ホテルの人気と評価のバロメーターになっているといわれる所以でもあります。

ある男が、「売春目的の外国人のデリヘル嬢がロビーでたむろしていて迷惑だ」という苦情をホテル側に通告したにもかかわらず、「ホテル側は対抗策も講じないのはどういうことか、その対応方法をマスコミに暴露する」という内容のクレームをホテル側に言ってきました。

そして、対応方法の条件次第では黙っていてもいいとも言っていたのです。

調査したところ、実際ホテルのロビーにはそのような女性の姿はなく、虚偽の流布でホテルを脅迫して金を取ろうとしていたのです。ホテル側はその男の執拗な言いがかりにもめげず、最終的には警察に通報し、男は御用となりました。

第4章

不当な要求を回避する対応のコツ

鉄則21

不当な要求には絶対に屈しない勇気を持つ

言葉尻を狙ってくるクレーマーたち

クレームが引き起こされる原因となるものには、商品、接客、環境に問題がある場合といわれますが、こうしたことが単独で起こる場合と複合的にからみ合う場合などがあって、いつ、どのようなときにクレームへと発展するかは、予想がつきません。

そこで、できるだけ不必要なクレームを生まないようにするためには、接客での発言に細心の注意を払い、付け込むスキを与えないように気配りするよりほかないのです。

ちょっとした油断からうっかり口にした言葉が、悪質クレーマーにかかると言葉尻をとられ、思いもよらない展開となることもあるからです。

お客「これ、この間買ったんだけど、ここ壊れてたよ、ほら……」

店員「そんなバカな、そこが壊れていたなんて考えられませんよ」

お客「おい、今なんて言った？　オレのことをバカって言っただろう」

店員「ち、違いますよ。そこが壊れることはないという意味ですよ。お客様をバカだなんて……」

お客「お前の店は、客のことをバカ呼ばわりするんだな。わかった、ネットに書き込んで

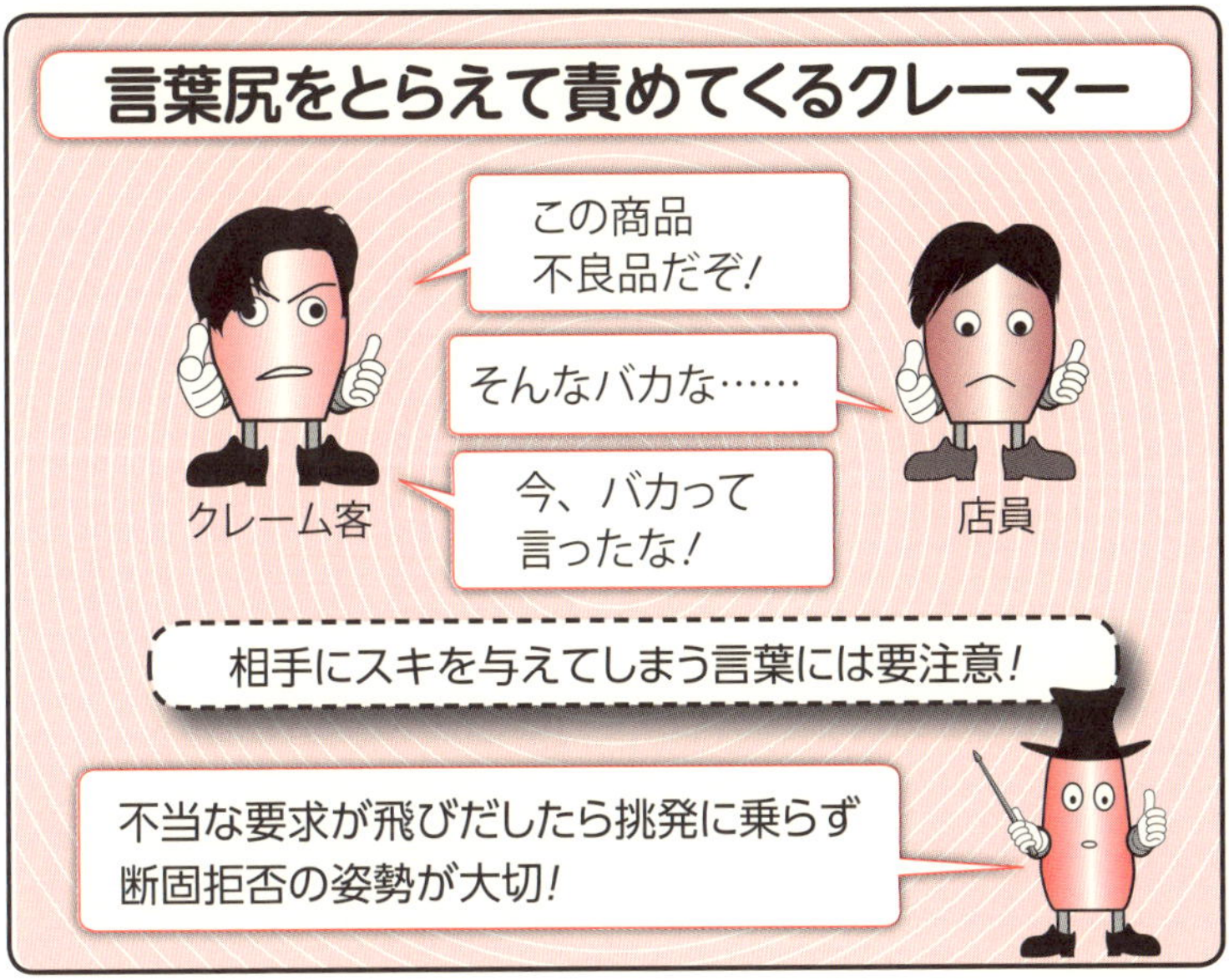
言葉尻をとらえて責めてくるクレーマー
この商品
不良品だぞ！
そんなバカな……
今、バカって
言ったな！
クレーム客
店員
相手にスキを与えてしまう言葉には要注意！
不当な要求が飛びだしたら挑発に乗らず
断固拒否の姿勢が大切！

やるよ、いいのか？」

店員「困ります、誤解ですよ」

悪質クレーマーは、ほんのちょっとの油断から吐いた何気ないひと言を、聞き逃しません。ここぞとばかりに責めたててきます。

不当な要求を押しつけてきます。

「ネットに書き込むぞ……」

「表沙汰になったら困るだろ？」

と脅されたところで、ビクビクしたりあたふたすることはありません。いくら脅してきても、普段から正しい対応に努めているならば怖れることはないのですが、面倒くさいことになったらと考えると、落ち着かなくなるのはやむを得ないかもしれません。

このような相手にスキを与えないためには**「そんなバカな」**は、**禁句**と心得ましょう。

そのほかにも、

「お客様の使い方に問題があったのではないで

すか?」

「そんなはずはないと思いますけど」

などと、客の言い分を真っ向から否定するような言い回しは、絶対に避けなければいけません。

不当な要求は断固拒否するべし

どんなに注意をしたところで、運悪く悪質クレーマーに狙われてしまうことはないとは言えません。

仮に相手が、

「消費者センターに報告してやるぞ! いいのか?」

「表沙汰にしてもいいのか?」

と脅してきたとしても、ともかく、この挑発には乗らないことです。

「困ります、誤解ですよ」

のような軟弱な対応では、悪質クレーマーの思うツボです。ここは、はっきりと拒否の姿勢を示さなければいけません。

お客「お前の店は、客のことをバカ呼ばわりするんだな。わかった、消費者センターに報告してやるよ、いいのか?」

このように脅してきたら、オドオドするのではなく、きっぱりと拒否しなければなりません。逃げ腰でいると、このような相手は不当な要求を次々と突きつけてくるからです。

店員「私は、お客様に対して失礼なことは申し上げてはおりません。消費者センターでもどこでも、お好きなようになさってください、お客様のご自由ですから。ただし、実害を被るようなことになれば、しかるべき対応をさせていただきます」

お客「……」

以上のように毅然とした態度で対応すると、悪質クレーマーといえども、それ以上の要求はできなくなるはずです。不当な要求に対しては堂々と拒否の姿勢で臨むことです。その振る舞いが自らの身を守ることになるのです。

オドオド、ビクビクしてくれるのは、悪質クレーマーにとっては狙い通りです。

相手を脅して怖がらせ、お引き取り料としての金銭を手にできれば、それが目的なのですから「うまくいったぞ……」ということになるのです。

一度味を占めれば二度、三度もありえます。事実、一度相手の要求に応じてしまったために、頻繁に脅され続ける例は少なくありません。**不当な要求だと思ったら、断固拒否するべき**なのです。「一度だけなら仕方ないかな……」と弱気になったら、もう相手の術中にからめとられています。不当な要求は断固拒否の姿勢で臨むしかありません。

Point

1・悪質クレーマーは、どのようなときでもスキを狙っている

2・相手の不当な要求には、決して屈しないように堂々と振る舞う

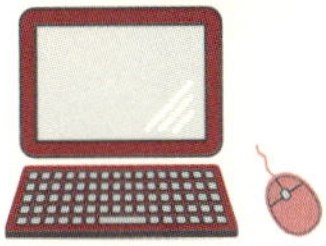

クレームの芽となる言葉に細心の注意を！

鉄則22

責任の所在を明確にするために必ず名乗る

クレームを受けたらまずお詫び、次に状況把握

　どのようなクレームであっても、クレームが起こったら基本的にまず最初にすべきことはお詫びであることは、何度も述べてきました。

　クレームの根っこには客の怒りが渦巻いているのですから、怒らせてしまった状況にはまず潔くお詫びをし、状況把握へと向かうようにします。

　状況を把握するための作業は、クレームがなんであるかを客に聞くわけですが、この際、たまたまクレームに遭遇してしまった者は、あたかも自分にクレームの原因があり、客に責めたてられているような気になるものです。でも、クレームを言ってくる客はあなたを特に狙って攻撃しているわけではなく、ただ目の前のあなたに怒りの矛先を向けているだけなのです。

　この点を誤解してまともに相手にしてしまうと、話は解決どころか、さらに大きなクレームへと発展してしまうので、注意しなければいけません。

お客「この健康器具、おたくで買ったのね。それで使っていたら、いつもいつも同じところにペダルが当たって、怪我してしまったの。危ないからもういらない。引き取ってちょうだい」

オレが悪いのか！
使い方が悪いのか！
バカにしているのか！
オレは冷静だぞ！
そうは言っていません
間違えたのでは？
説明書見ましたか？
興奮しないでください
クレーム客
店員
妥協点が見えなくなる
事情説明は相手と一緒になって熱くならず客観的に行うことが大切

店員「それは大変申し訳ございませんでした。この器具はお客様の身長と体重に合わせて、ペダルを設定して使用するのですけれど、そのようになさいましたか？」

お客「当たり前でしょ、あなた、私の使い方が悪いっていうの？」

店員「別にそういう意味で申し上げたわけではないのですが、よく使い方を間違われる方がいらっしゃいますので、もしかしてと思いまして……」

お客「失礼ね、怪我してるって言ってるでしょ。ペダルがおかしいのよ、ペダルが……」

この店員の対応は、まるで健康器具を製作した本人のような態度です。客の言い分より健康器具を擁護するかのような思いが先に立ってしまっています。これでは客は、器具を引き取ってほしいと言っているクレームから、「怪我をしたのだから医療費を補償しなさいよ」

という展開にもなりかねません。

つまり、店員に熱くなって製品擁護をされればされるほど、客は自分を粗末に扱われているという印象が強くなり、怒りはエスカレートするばかりになります。

事情説明は熱くならず客観的に行うこと

店員は、冷静に客観的な立場で状況を把握するべきなのです。

この健康器具がほかの客から「とてもいいね」と、おほめの言葉をいただいていたとしても、感想は人それぞれという、客観的なものの見方が必要なのです。

お客「この健康器具、おたくで買ったのね。それで使っていたら、いつもいつも同じところにペダルが当たって、怪我してしまったの。危ないからもういらない。引き取ってちょうだい」
店員「それは大変申し訳ございませんでした。お怪我のほうは大丈夫でしょうか？」
お客「これからも使っていたらどうなるかわからないけれど、不安だからやめたほうがいいわよね？」
店員「そうですね、この機種はなかなか人気があるのですけど……身長と体重をきちんと入れないと、うまくいかないようですね」
お客「大まかにやっていたけれど、正確に入れないとだめなの？」
店員「そのほうがよろしいですね」
お客「それならもう一度やってみようかしら、それでダメだったら、今度は返品っていうことでいいかしら？」
店員「私、○△と申します。そのような場合は私に言ってきてください。責任を持って対応させていただきますので……」

このように対応できれば、ほぼ完璧です。熱くならず、客観的な立場で器具の使用上の問題点をさらりと指摘しています。

最初に客が言ってきたクレームについても、**名前を告げて責任の所在を明確にしています。**客の立場に立った対応こそが、クレームの芽を大きくしない最善の方法であると心得ましょう。

客の立場に立つとは、なんでも迎合するということではありません。問題から一歩引くだけでよいのです。

すると客の心理状態も理解できて、的確な説明もできます。

「うちの店で扱っている商品は、どれも検査をしていて自信があるものばかりだ」と、自負する姿勢は大切ですが、行きすぎると客に対して間違った対応になることもあります。

店側の人間ではあっても、クレームには謙虚に耳を傾け、第三者的立場を保つくらいが、ちょうどよいのです。

Point

1・店は自分が攻撃されていると思わず、冷静に客の話を聞く
2・客の立場に立った対応が、クレームの芽を大きくしないコツ

客の立場に立った客観的な対応を！

鉄則23

言葉が威圧的でも悪質とは限らない

悪質かそうでないかはクレーム内容で判断する

クレームに遭遇してしまったら、自分が話すよりも相手の話をよく聞くことが大切になります。

客は自分の被った不快感や不満を理解してもらい、謝罪や損害に対する賠償を求めようとクレームをつけてくるのですから。

その客の気持ちを真摯に受け止め、積極的に話を聞き、謝罪する姿勢がまず第一です。

クレームを言ってくる相手は、表面的には平静であったり興奮状態であったりと、さまざまですが、お腹の中では間違いなく怒りのマグマが噴出寸前の状態であることを知っていなければなりません。

ではなぜそのように怒っているのか。

客の怒りの原因究明が、解決への糸口となるわけですから、相手の興奮したとりとめのない話しぶりのなかから、何が原因かを突き止め、次の手を打つための方法を探らなければならないのです。

お客「おい、ちょっと、お前のところで送った品物だけど、間違って送っただろう。オレは5万円のローストビーフを頼んだのに、チャーシューが届いたって言ってきたぞ。チャーシューは3万円だろ？　どういうこ

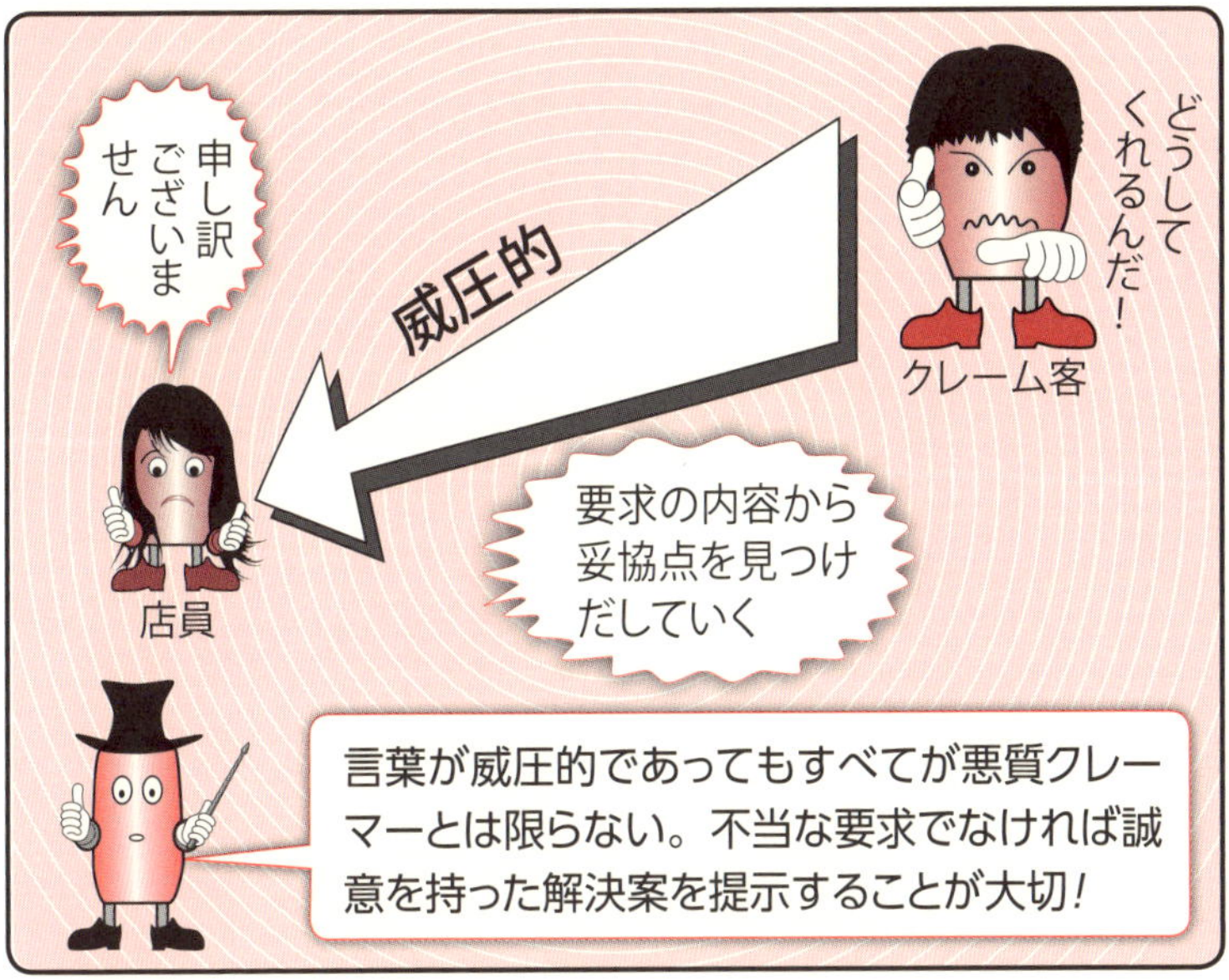
どうしてくれるんだ！
クレーム客
威圧的
申し訳ございません
店員
要求の内容から妥協点を見つけだしていく
言葉が威圧的であってもすべてが悪質クレーマーとは限らない。不当な要求でなければ誠意を持った解決案を提示することが大切！

となんだ。どうしてくれるんだよ」

店員「お客様、大変申し訳ございません。ローストビーフですか？　えーと……」

お客「5万円が3万円になったら、相手はどう思うよ。まるでオレが落ちぶれたみたいじゃないか、困っちゃったよ」

店員「申し訳ございません」

お客「どうしてくれるんだよ！　お前がなんとかしろよ」

大声でこんな態度で怒鳴られたら、相手をしている者にしては、たまったものではありませんが、よく聞いていると、この客は**クレームの原因と解決の方法までを、ほとんどさらけ出しています。**

ここまで問題点がはっきりしてしまえば、あとはどこに問題があるのか追跡調査をして、具体的な解決となる補償の方法を相談すればよいわけです。

初期対応から慎重な対応が望まれる

お客「おい、ちょっと、お前のところで送った品物だけど、間違って送っただろう。オレは5万円のローストビーフを頼んだのに、チャーシューが届いたって言ってきたぞ。チャーシューは3万円だろ？　どういうことなんだ。どうしてくれるんだよ」

店員「お客様、大変申し訳ございません。さっそくどういうことなのか調べますが、お客様はどのようにしたらよろしいと思われますか？」

お客「いつも5万円なのに、3万円のものが届いたら、相手はオレが落ちぶれたと思うから、それをなんとかしてもらいたいんだよ」

店員「承知いたしました。では、どこで行き違いが起こったのか早急に調べまして、その後お客様とご相談ということで、よろしいでしょうか？」

お客「ちゃんと調べてくれよな。オレ、本当に困っちゃうんだから……」

店員「承知いたしました、ご迷惑をおかけいたしまして誠に申し訳ございません」

この客のように、興奮して怒鳴り込んできたからといって、それだけで悪質クレーマーと決めつけることはできません。

言葉が威圧的で、がらが悪いとしても悪質かそうでないかは、あくまで要求する内容によって判断しなければならないからです。

この客は、どこに問題があってどのようにしてほしいのかを、言葉遣いは悪いものの懸命に訴えています。クレームの内容も、けっして非常識ではありませんし、通常のクレームと言えるでしょう。

怒りを鎮めて丁寧に対応することで、解決への道は遠いものではないでしょう。どのようなときでも客の言い分をよく聞き、慎重な対応が望まれます。

見た目でいえば**紳士風で、言葉遣いや物腰も穏やか、悪質クレーマーには程遠い存在のような人物が、じつは最悪のクレーマー**だったなんていうことはよくあることです。

こんな相手の外見に気を許して、揚げ足をとられるようなことにでもなれば、事態の泥沼化は避けられません。

けっして大きな声を出すわけでもなく、ただ不当な要求を淡々と言い続けられるのは、担当した者にしてはつらいものがあります。

こんな相手に責めたてられれば疲労困憊《こんぱい》どころか、ノイローゼにさえなりかねないでしょう。

たとえ怒鳴り込もうが、言葉遣いが悪かろうが常識の範囲内であれば一般のクレームです。偏見や思い込みで相手を判断することなく、クレームには神経を集中して、見極めをしなければならないということです。

Point

1・怒鳴り込んできたからといって悪質クレーマーとは限らない
2・態度が威圧的かどうかではなく、クレームの内容で判断する

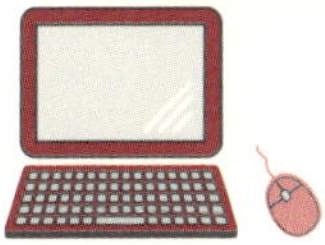

威圧的な人ほど解決策が見つけやすい!

鉄則 24

相手が居座り続けたらラッキーと思え

相手の思うツボにはまらない

クレームの多い業種のひとつに、飲食業があります。ラーメンを運んでくる際に、

「スープに指が入っていた」

「昆虫（ゴキブリ）や、その一部分が食べ物の中に入っている」

「チャーハンに小石が入っている」

などですが、本当のところ、入っていたかどうかはわかりません。

そのようなケースには、ともかく客の申告を信じてお詫びをするほかありません。

お客「おい、ちょっと来てみろよ。これわかるだろ？　スープの中にゴキブリみたいなものが浮いてるだろ。お前のところはゴキブリでだしをとってるのかよ。いったいどうしてくれるんだよ、おいこら！」

店長「も、申し訳ございません。すぐに代わりをお作りいたしますので、お待ちください」

お客「ふざけるんじゃないよ、ゴキブリでだしをとっているようなものは食えないって言ってんだろ！　どうしてくれるのかって聞いているんだよ」

店長「お客様、ほかのお客様のご迷惑になりますので、ちょっとこちらへいらしてください」

悪い例
スープの中にゴキブリの足が入っているぞ！
申し訳ありません。ごめんなさい。すぐに作り直します
クレーム客
店員
良い例
スープの中にゴキブリの足が入っているぞ！
申し訳ありません。お代は結構です。お詫びに割引券を提供させていただきます
クレーム客
店員

お客「こちらへってなんだよ」

ほかの客の手前もあって、早くこの場を収めようと、店長は明らかに悪質クレーマーを店の奥に呼び込みます。

改めて謝罪をしたのち、いくらかのお金を、

「これでお許しください」

などと言って渡してしまうのでしょうが、これは間違った対応です。これでは相手の思うツボというものです。

この手のクレーマーは、店側に問題があることをほかの客の前でことさら強調して言いがかりをつけ、

「どうしてくれるんだ」

とすごんで、店がいくらかのお金を出すようなシナリオを考えているのです。

ではどうしたらよいのでしょうか。

お客「おい、ちょっと来てみろよ。これわかる

だろ？　スープの中にゴキブリみたいなものが浮いてるだろ。お前のところはゴキブリでだしをとってるのかよ。いったいどうしてくれるんだよ、おいこら！」

店長「それは、大変申し訳ございませんでした。ただいま代わりをお作りいたしますので、少々お待ちください」

お客「ふざけるんじゃないよ、ゴキブリでだしをとっているようなものは食えないって言ってんだろ！　どうしてくれるのかって聞いているんだよ」

店長「お客様、誠に申し訳ございません。お召し上がりのものの代金はいただきません。お詫びと言ってはなんですが、当店の割引券を提供させていただきます。衛生面につきましては、今後も十分に注意してまいりますので、これでお許しくださいますようお願いいたします」

このように、できることとできないことを毅然とした態度で相手に伝えるだけです。

悪質クレーマーは、自分の行動が犯罪行為であることを知っている

店側が事を早く解決したいと思う心理に付け込む悪質クレーマーにとっては、自身こそじつはできるだけ早くシナリオ通りに解決しないと、困ったことになるのを怖れているのです。

店内で大声を出して怒鳴り続けていれば、威力業務妨害罪（刑法２３４条）に該当しますし、繰り返し「どうしてくれるんだよ」などと迫れば、強要罪（刑法２２３条）になりえます。

納得がいかないなどと言って居座るようであれば、悪質クレーマーは、不退去罪（刑法１３０条）に抵触することも承知のはずです。

運悪く悪質クレーマーの標的になってしまったとしても、焦ることなく落ち着いて相手のツ

ボにはまらないよう対応することです。

丁重な謝罪と、できることとできないことを相手に伝え、誠実に対処すればよいのです。

焦らずに、ひるむことなく冷静に対応するのです。

それでも納得せずに居座り続けるようならば「お引き取りください」と促します。

注意しなければいけないのは、犯罪をもいとわない相手は、もはや客ではないということです。**悪質クレーマーを客と思ってはいけないの**です。

相手は自分は客であることを強く主張しますが、その言葉に惑わされず、非常識な要求には毅然とした態度で「NO」と言うしかありません。

これ以上いても何も得することはない、お金を待っていても出てこないと相手に思わせれば、こちらの勝ちです。

それまでは、辛抱強く毅然とした態度で相手と対峙する覚悟を持つことです。

Point

1・早く解決したいと焦って、悪質クレーマーの思うツボにはまらないこと

2・丁寧な謝罪と誠実な対応は、悪質クレーマーでも変わらない

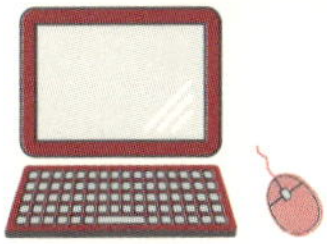

悪質クレーマーであっても、犯罪行為は許さないという毅然とした態度で対応する！

鉄則25

「クビにしろ」と言われたときの対処法

しかし言い換えるなら、クレームに関わる者、あるいは関わってしまった者は、自分なりの姿勢を確立し、クレーマーへどのように対応するのかを用意しておくべきなのです。

こちらの出方次第では、相手を悪質クレーマーに変貌させてしまうかもしれないという危機感をはらみつつも、最終的にどのような状況で交渉打ち切りとするかは、日頃から準備しておかなければ、いざというときにビクビク、オロオロするだけになってしまうからです。

お客「お前が店長か。あの髪の長い奴をクビにしろ」

店長「え、えー、クビですか？　それはまたど

誠意を尽くした対応で納得しなければ、交渉打ち切り

クレームとひとくくりに言っていますが、じつのところ内容も解決にかかる時間も、ひとつひとつみな違った様相を呈しています。

業種によっても業態によっても当然同じものはないわけですから、処理・解決方法もまたさまざまです。ましてやクレーム処理には、マニュアルはあっても、正解などというものはありません。

結局は関わった者の判断が、最終的な結論を導くという、なんとも心もとないものとなるのです。

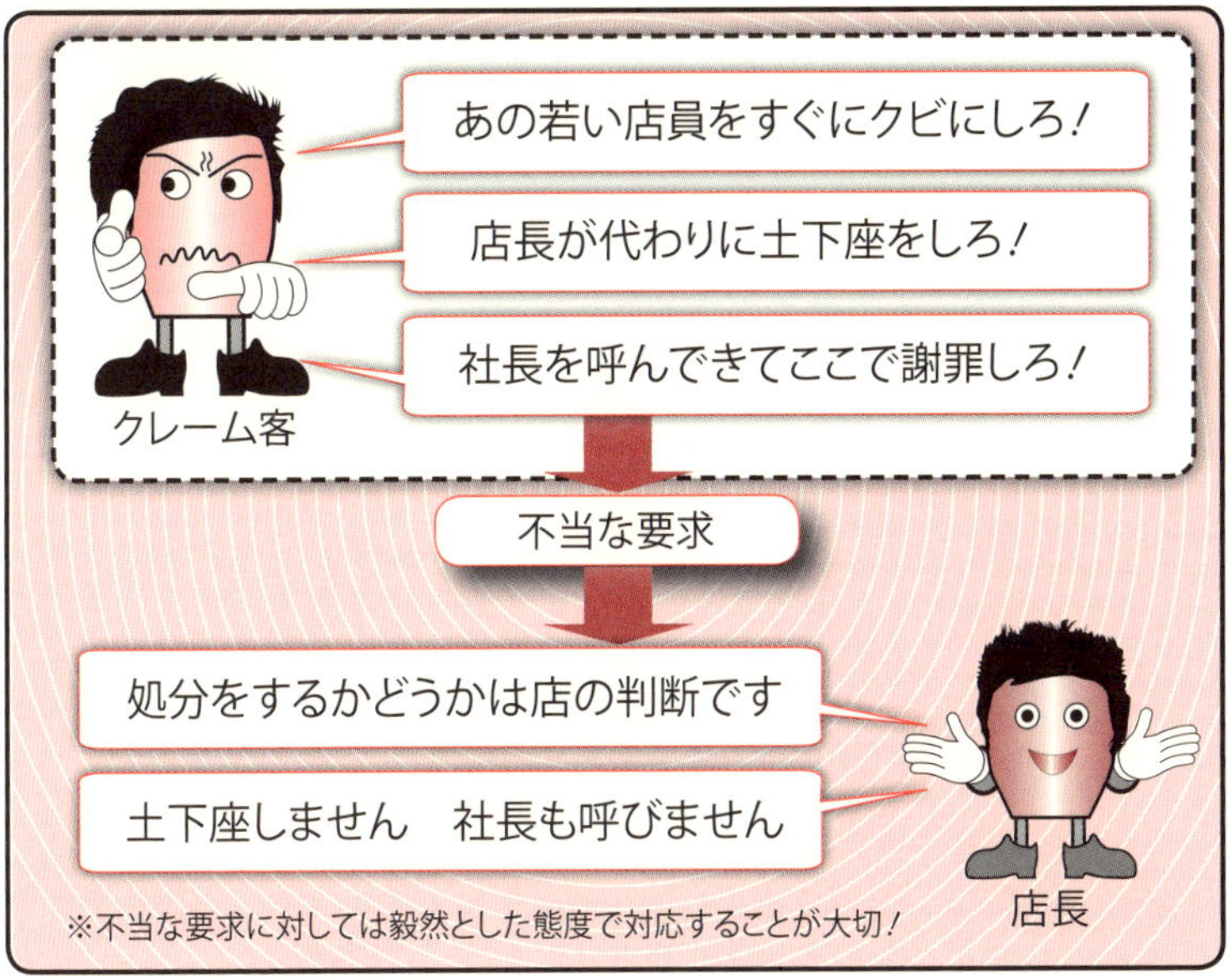
あの若い店員をすぐにクビにしろ！
店長が代わりに土下座をしろ！
社長を呼んできてここで謝罪しろ！
クレーム客
不当な要求
処分をするかどうかは店の判断です
土下座しません　社長も呼びません
店長
※不当な要求に対しては毅然とした態度で対応することが大切！

うしてでしょうか？」

お客「あいつは、オレのほうが先にハンバーグを頼んでいたのに、あとから頼んだ親子連れのほうに、先に持っていったんだ。オレのほうが先だろって言ったら、そんなことないっすよって言ったんだ。順番も言い方も、おかしいだろ？」

店長「は、はあー、それは大変申し訳ございませんでした。あの者には厳重に注意しておきます。うちといたしましては、オーダーを通した順になっているはずですが、お待たせいたしまして誠に申し訳ございません。ただいま確認してまいりますので、少々お待ちください」

お客「あいつをクビにするって言うまで、待っているからな、いいな」

店長「……」

この場合、誠意を持って謝罪しているにもかかわらず、客の勝手な思い込みで粘られるようでは、ほかの客にも迷惑です。明らかに不当な要求ともいえるこうした行為には、絶対に従ってはならないのです。

こちらの解決策を示したら何があっても譲らない

お客「あいつをクビにするって言うまで、待っているからな、いいな」

このように言われてもひるんではいけません。社会通念上不当と思われる要求に対しては、以下のように、しっかりと拒否の姿勢を示すべきです。

店長「お客様。従業員の処分等は私ども店の問題でして、この通り謝罪いたしますので、なにとぞお許しくださいませ」

お客「納得できないいな」

店長「納得できないとおっしゃられましても、私どもといたしましてはできかねますので、ご了承いただくほかはございません」

丁寧な謝罪はしつつも、譲らない姿勢をきっちりと示すことです。相手がそれ以上の要求をしてきたとしても交渉はそこまで。注文の品を召し上がったらお引き取り願うほか譲歩する余地はありません。

仮に客が金品で解決しようなどという下心をちらつかせてきたとしても、一度決めたことはガンとして譲らない態度が重要なのです。

何を言ってきても、返す言葉は「できません」「ご了承いただくほかはございません」で押し通します。

こちらの解決策を相手に提示したら、あとは何を言われようと、不退転の覚悟で同じことを繰り返していると、相手が悪質クレーマーでないかぎり、あきらめて退散してくれるでしょう。

処分は内規によるもので客の指示に従うことはできない

客に失礼があった店員に対して「土下座をしろ」と強要されても、基本的には「クビにしろ」と同じ対応でよいでしょう。

「私どもの監督不行き届きに対しては、心からのお詫びを申し上げます。なにとぞお許しくださいませ」と、丁寧な謝罪をしつつも、それ以上譲る必要はありません。それでもまだ「どうしても許せない」と言う相手には、

「社員の処分につきましては、私どもの内規によってはかられるものです。お客様の指示に従うわけにはまいりませんので、ご了承ください」

「土下座の強要は、人権侵害に当たりますのでお断りいたします」

と、できない理由をはっきり告げるのもよい手法です。伝えるべきことは伝え、譲れないところは譲らない姿勢を堅持することです。

Point

1・クレーマーにどのように対応するかは、日頃から準備をしておく

2・解決策を提示したら、何があってもガンとして譲らない

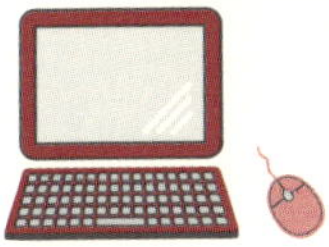

自分なりの落着点を事前に用意しておく!

鉄則26

要求が的外れであることに気づかせる法

自分の理不尽さに気づいていないクレーマー

クレームという言葉の意味は、日本では一般的には「苦情」とほとんど同じ意味で使われています。

本来は購入した製品が不良品であったために交換を求めたり、製品やサービスの改善あるいはサービスや欠陥についての指摘であったりと、企業にとっては消費者の声を営業活動に反映させる意味合いを持つものです。

ところが、近年普通のクレームとは明らかに異質のクレームが増えているといわれています。

たとえばスーパーマーケットで、購入前の商品を開封している子どもがいたので、店の従業員が注意をしたら、

「親が一緒にいるのに、他人の子どもを叱るのはおかしい。従業員教育がなっていない」

と、店長に執拗に抗議をした母親。

「お米を洗って炊飯器で炊いたら、変なにおいがして食べられない。なんとかして」

と言ってきた若い女性。よくよく聞いてみれば、お米を洗剤を使って洗ったというのですから、呆れてしまいます。

まるで笑い話のようですが、どれも本当のことであると言われると笑ってはいられません。

これほどまでに常識が通じない客がいるのですから、クレーム対応者の苦労がどれほど大変で

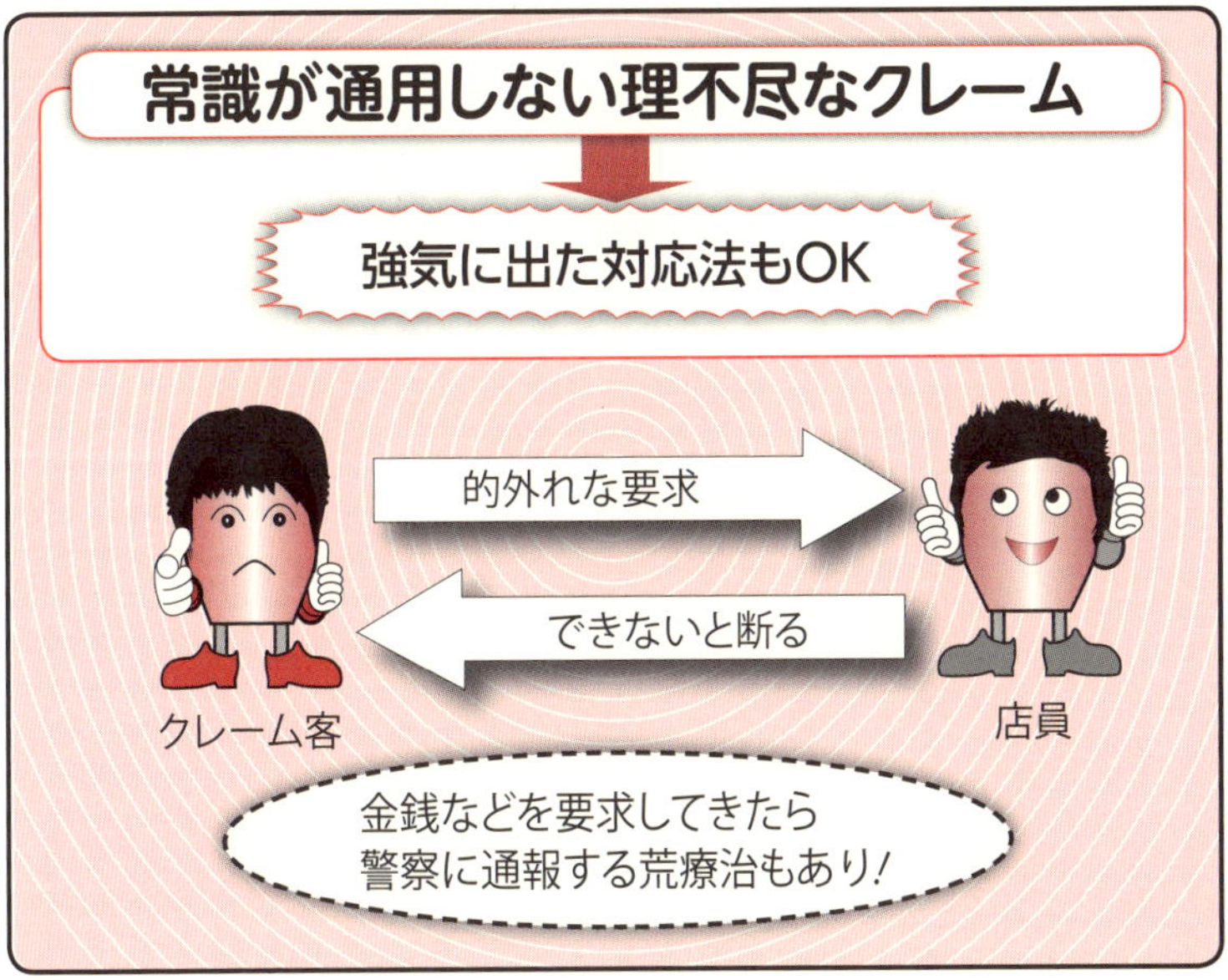
常識が通用しない理不尽なクレーム
強気に出た対応法もOK
的外れな要求
できないと断る
クレーム客
店員
金銭などを要求してきたら
警察に通報する荒療治もあり！

あるかがおわかりいただけるというものです。

困るのは、自分が偉いと思い込んでクレームをつけてくるタイプです。この手の人は、自分がどのように理不尽であるかなど、まったく気づいていないのです。

お客「ねえ、店長さん。ちょっとこれ熱すぎて食べられないんだけど、なんでこんなに熱いの？　熱いのにも限度っていうものがあるでしょ。時間もないし食べないわけにもいかないから食べたけど、やけどしちゃったし、なんとかしてよ」

店長「申し訳ございません、お水をお持ちいたしましょうか？」

お客「お水とかそういう問題ではないでしょう、どうしてこんなに食べられないほど熱くする必要があるの？　店としての考え方がおかしいんじゃないの」

店長「お客様、大丈夫ですか？　やけどなさいましたか？」

お客「出てきたら、すぐにおいしく食べられるようなあたたかさがサービスなんじゃないの、どうしてこんなに熱くするの？　やけどの治療に病院に行かなくちゃならないじゃない、時間がないのよ。どうしてくれるの、なんとかしてくれるんでしょ？」

店長「………」

的外れの要求を平気でする相手の対処法

この客は店のやり方を非難し、なんとかしてと言っています。客は自分が正しいと思い込んでいるので、理不尽なことを言っているなどとは少しも思ってはいないのです。

お客「ねえ、店長さん。ちょっとこれ熱すぎて食べられないんだけど、なんでこんなに熱いの？　熱いのにも限度っていうものがあるでしょ。時間もないし食べないわけにもいかないから食べたけど、やけどしちゃったし、なんとかしてよ」

店長「申し訳ございません。お客様においしく召し上がっていただくために、熱いもの冷たいもの、それぞれに熱く冷たく供するようにしております」

お客「出てきたら、すぐにおいしく食べられるのがサービスでしょ、治療費を出してよ。やけどをするような熱さは犯罪行為にも匹敵するわよ」

店長「わかりました。犯罪行為とおっしゃるのでしたら、警察へ行ってお話しいたしましょう」

お客「警察？　どうして私が？　もういいわよ、わかったわよ」

事前に説明したにもかかわらず、的外れの要求を平気でするような相手に対しては、相手の言葉尻をとらえて、こんな強気の対応もひとつの方法かもしれません。

　相手がどれだけ的外れな要求をしているのかを知らせるための荒療治も、時と場合によっては必要です。しかし、店でのクレーム処理は基本的には「民事」なので、警察は不介入です。とはいっても、警察にこちらから行って話を聞いてもらうことは可能です。

　危ないと思ったら、こちらから相談に行くのは悪くはありません。ただし、相手が行くかどうかはまた別の問題ですが……。

　警察に通報して警察官に来てもらうタイミングは、

＊暴力団組織の名称をあげた時
＊具体的に金銭をよこせと言った時
＊店内の器物を破損した場合
＊相手が凶器を所持している場合

などです。

Point

1・常識が通じない客からのクレームがあることを知っておく

2・理不尽なクレーマーの的外れな要求には強気に出る対処法も

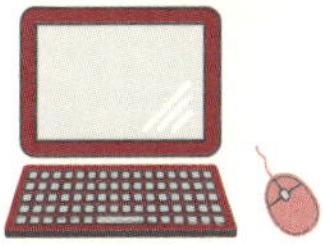

身の危険を感じたら迷わず警察に通報する!

クレーマーは証拠を残すことを最も嫌う

何度も同じことを言ってくる客の心理を突き止める

あるバスの運行路線についてのことです。路線が変更になったことが原因で、クレームを言ってくるようになった初老の男性がいました。

なんでもそれまでは自分の家のすぐ前をバスが通っていて、その人物はとても助かっていたのに、路線が変更になってからは1キロ近く歩かないとバスに乗れないというのです。

クレーマー「どうして富士見町行きの路線を変更したんだ。住民が困っているのにその声も聞かないで、勝手に変更しておかしいだろ。また元に戻せ。できるだけ早く元の路線に戻せ」

責任者「いつもご利用ありがとうございます。富士見行きの路線につきましては、市の整備計画の一環によりまして、住民の方のご意見も参考にさせていただき現在の路線に変更されております。私どもの勝手な判断ではございませんので、ご了解いただきたいと存じます。ご迷惑をおかけいたしまして、誠に申し訳ございません」

クレーマー「迷惑をかけたと思うなら、元に戻せよ」

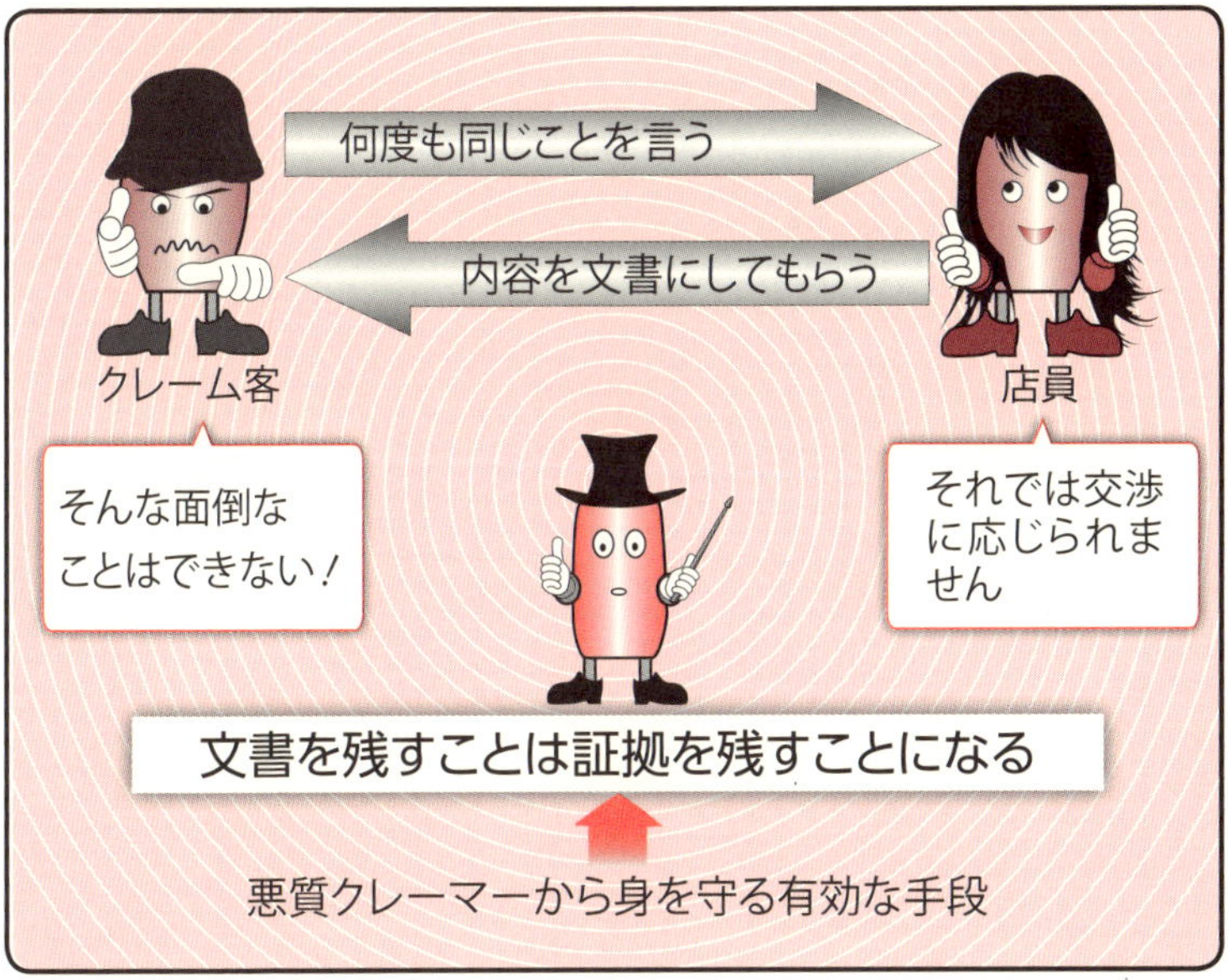
何度も同じことを言う
内容を文書にしてもらう
クレーム客
店員
そんな面倒なことはできない！
それでは交渉に応じられません
文書を残すことは証拠を残すことになる
悪質クレーマーから身を守る有効な手段

責任者「はい、申し上げましたように、私どもの一存ではございませんので」

クレーマー「オレはね、足も不自由だから、バスが一番いいんだよ。いつでもバスなんだよ、だから頼むよ、元に戻してくれよ」

まったく個人的な都合で、公共の足であるバスの路線に不満を述べるクレーマーですが、同じ内容ですでに何度も言ってきています。一日に何回もということもあります。

上司からは聞き流すように指示が出ていますが、あまりの頻度に仕事にも支障が出てくる始末です。

相手は独居老人で、寂しさを紛らわすためにクレームをつけてきているようなところも見受けられます。

こんな相手にはどのように対処したらよいのでしょうか。

内容を文書にして提出してもらうように勧める

クレーマー「どうして富士見町行きの路線を変更したんだ。住民が困っているのにその声も聞かないで、勝手に変更しておかしいだろ。また元に戻せ。できるだけ早く元の路線に戻せ」

責任者「いつもご利用ありがとうございます。ご迷惑をおかけいたしまして、誠に申し訳ございません。ところでバスは、どのくらいご利用になられますか？」

クレーマー「出かけるときはいつもバスだよ。オレは足が悪いから長い距離歩くことができないんだよ。病院に行くときも、買い物も便利だよ。それがなんで路線変更なんだい。すぐに戻して、前と同じに……」

責任者「そうおっしゃられましても、この件は市の整備計画の一環によりまして、住民の方のご意見も参考にさせていただいておりますので、私どもとしてはどのようにもできないのです。そういうことでしたらお客様、お申し出の件は文書にして私ども、あるいは市のほうにご提出をお願いいただけませんか。それによって市のほうでも再検討するかもしれません」

クレーマー「そんな面倒くさいことできないよ」

ともかくお詫びをして、相手の言い分をきちんと聞きます。この場合は悪質なクレーマーというよりも、不満を愚痴としてぶつけているといった様子なので、文書を提出する提案は、前向きですし、面倒なことと受け取られてあきらめてくれるなら、それはそれで一応の解決でしょう。

相手が悪質のクレーマーであったなら、文書で提出してもらうことは、クレーマーの証拠を残すという意味で重要です。最近ではクレームに備えて、電話の内容を録音しているところも増えています。

クレームの証拠を残しておくことは、自分の身を守る最強の手段となることを覚えておくとよいでしょう。

最近の凶悪事件などで、監視カメラに残された映像が、犯人逮捕の決定的な証拠になる例はいくつもあります。

それと同様に、クレームも録音や文書を残すようにすると、後々何かと役に立つものです。頻繁な電話に対して「文書でお願いいたします」と伝えただけで、面倒だから……とそれ以上何も言ってこなくなることは、結構多いものです。

同じ内容のクレームを言ってくる相手に「文書の提出」を要求することの効果は、証拠を残すだけではないようです。

Point

1・同じことを何度も言ってくるのはなぜなのか理由を突き止める

2・執拗に同じことを言ってくる相手には、文書の提出を求める

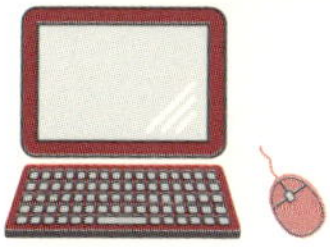

クレームの証拠を残すことは身を守る最強の手段！

鉄則28

「訴える」「ネットに書き込む」と言われたら

相手の質問を逆手にとって切り返す

悪質クレーマーの特徴は、ともかく口がうまいことです。口調や見た目は怖いお兄さんであったり、紳士然としているかは別にして、「ああ言えばこう言う」スタイルで、こちらの言質をとって責めてきます。

うっかりスキを見せようものなら、ここぞとばかりに身動きがとれない状況に追い込んでくるのが、悪質クレーマーの手口です。

一般の善良な一市民としては、目の前の相手が怖ろしい悪質クレーマーだとわかった時点で、怖れと焦りでひるんでしまいがちですが、そこは相手の術中にはまることなく、毅然とした態度で迎え撃たなければならないのです。そのためには、悪質クレーマーの巧妙な質問を逆手にとって切り返す方法を、知っておくべきです。

クレーマー 「謝ったってすまないんだよ。どうしてくれるんだよ」

対応者 「お客様は、どうしたらよろしいとお思いですか？」

クレーマー 「へえ〜、言えばその通りにしてくれるのか？」

対応者 「そうではなく、お客様のご希望はご希望として、当社で判断させていただくことになります」

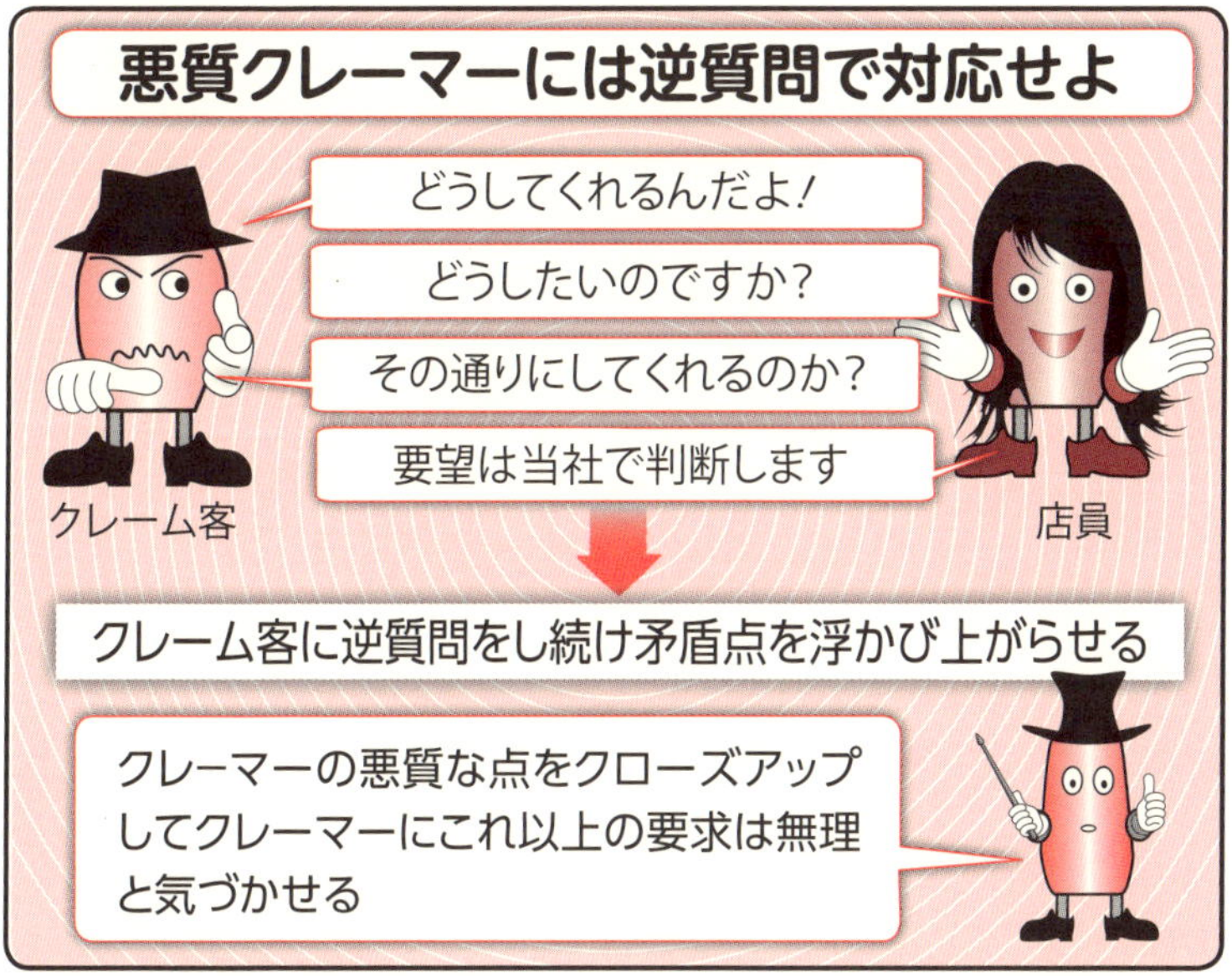
悪質クレーマーには逆質問で対応せよ
どうしてくれるんだよ!
どうしたいのですか?
その通りにしてくれるのか?
要望は当社で判断します
クレーム客
店員
クレーム客に逆質問をし続け矛盾点を浮かび上がらせる
クレーマーの悪質な点をクローズアップしてクレーマーにこれ以上の要求は無理と気づかせる

仮に「それなら詫びのしるしに10万円で許してやる」などとクレーマーが言えば、脅喝未遂罪（刑法249条、250条）になるのを知っていますので、これ以上責められることはないはずです。

クレーマー「そうか、それなら訴えてやるよ。いいな、覚悟しろよ！」

対応者「それはお客様のご自由です。司法の場ではっきりさせていただくなら、私どもといたしましてもそれに越したことはございません」

このように相手の質問を逆手にとって切り返すことで、悪質クレーマーの悪質な点がクローズアップされ、それ以上は危ないと気づかせることになるのです。

最近の悪質クレーマーは、法律にも熟知していて、自分の口から犯罪行為に当たることはけっして言いません。自分では言わずに相手に言わせようと躍起になっているわけですから、相手のペースに巻き込まれないこと、その手に乗らないことが大切です。

どんなことがあっても毅然とした態度で臨む

悪質クレーマーがなぜクレームをつけるのかと言えば、手っ取り早くお金をせしめたいのです。そのため大声を出して脅し、ほかの客を震え上がらせ、困った店主に、

「どうかこれで（お金）お許しください」

と、言わせたいのです。

悪質クレーマーは自分から、

「金で解決してやるよ」

などとは言わないものです。自分の行為が法律ぎりぎりのところであることは、じつのところ誰よりもよく知っているので、相手側からの自主的な働きかけの形をとらせるがために、すごんだり脅したりしているのです。ですから相手の術中にはまらないよう注意することです。

焦らずに、落ち着いて、できないことはできないと、毅然とした態度で臨めばよいのです。

それでも執拗に、

「ネットに書き込むぞ！」

「消費者センターに持ち込むぞ！」

と追い打ちをかけてくるようなら、堂々と開き直って、

「どうぞお客様のなさりたいように。ただし当店に被害があるようでしたら、それなりの対応をさせていただきます」

と切り返せば、悪質クレーマーといえども、尻尾を巻いて逃げだすほかなくなるに違いありません。

クレーマーの気勢をそぐ脱力モードで応酬してみる

悪質クレーマーは、弱いところを狙って攻撃

してくるものですから、挑発に乗らないことが最大の防御策になります。

クレームに対して、

「お客様、申し訳ございません。私は名前だけの責任者なものですから、難しいことには対応できません。改めて本社のほうからご連絡させていただきます」

「難しいことは本部のほうで処理いたしますので、お客様のご連絡先をお願いいたします」

などのように脱力モードで対するのも、相手の気勢をそぐよい方法です。

その場で金銭を手にしようと勢いづいていた相手は、本社などと連絡をとれば、自分のやっていることが恐喝行為に当たるのを知っていますので、退散するしかなくなります。

いつまでも言いがかりに振り回されずにお引き取り願うには、よい対処法のひとつです。

Point

1・悪質クレーマーだからとおどおどしていると、相手のペースに巻き込まれる
2・毅然とした態度で臨めば、悪質クレーマーでも退散させられる

挑発に乗らないことこそ有効の防御法！

Column
V

爆買いツアーの裏で起きている家電業界でのクレーム対応は今後の大きな課題

中国人観光客の〝爆買い〟で注目を浴びている家電業界は、周知のようにまさに戦国時代の様相を呈しています。大手量販店などが安売り合戦を展開している状況は顧客や家電ファンにとっては歓迎すべき現象でもあります。

中国人の〝爆買い〟ブームは、家電各社の売り上げを押し上げ、各社の従業員たちは連日汗ダクで、うれしい悲鳴を上げているといいます。一方ではその好調さと裏腹に、家電業界へのクレームが増えているのも事実です。テレビの音声が異常だ、冷蔵庫の能力が弱い、カメラは欠陥品だ……といったクレームなどです。

有名家電ショップに突然降りかかったのが、洗濯機が変な振動音を出すという苦情。40代の中年男からの電話で購入して3日後に故障。欠陥品じゃないかといって、現金を返せという抗議です。以後、一週間にわたって執拗な苦情電話は50回を越えました。会社側が担当者を訪問させて点検するので住所と名前を教えてほしいと対応すると、翌日から電話がこなくなったというから、まったく目的の見えない理解に苦しむ嫌がらせなのです。

第5章

悪質クレーマーを退治する最強の対処術

鉄則29

悪質クレーマーはもはや客ではない

悪質なクレーマーかどうかをまずは判断しよう

店側の傲慢な言動や対応のまずさから、客の怒りが最高潮に達し、さまざまなところで噂が広まり、最悪な場合は閉店に追い込まれるケースもあります。

特に現代はネット社会です。悪い評判はあっという間に、多くの人々が知ることになります。

企業はそうした風評被害を極力抑えるべく、社員に〝お客様至上主義〟を徹底しているケースも少なくありません。

また客の立場に立って、真摯に悪い部分は悪いと受け止めなければなりません。反面、それは悪質クレーマーがはびこりやすい温床になる可能性も高いのです。

悪質クレーマーはさまざまな言い分で店側を責めたててきます。金銭を狙ってくる場合もあれば、高額な代替品を要求する場合もあります。

しかし、よく考えてください。悪質クレーマーは客ではないのです。しっかりとした意見を持って、商品に対してクレームをつけてくる顧客には誠意を持って対応すれば、リピーター、すなわち真の顧客となります。

クレーマー「おたくで買ったDVDレコーダー、昨日の番組録画できてなかったぞ!」

お　店「誠に申し訳ありません、録画できな

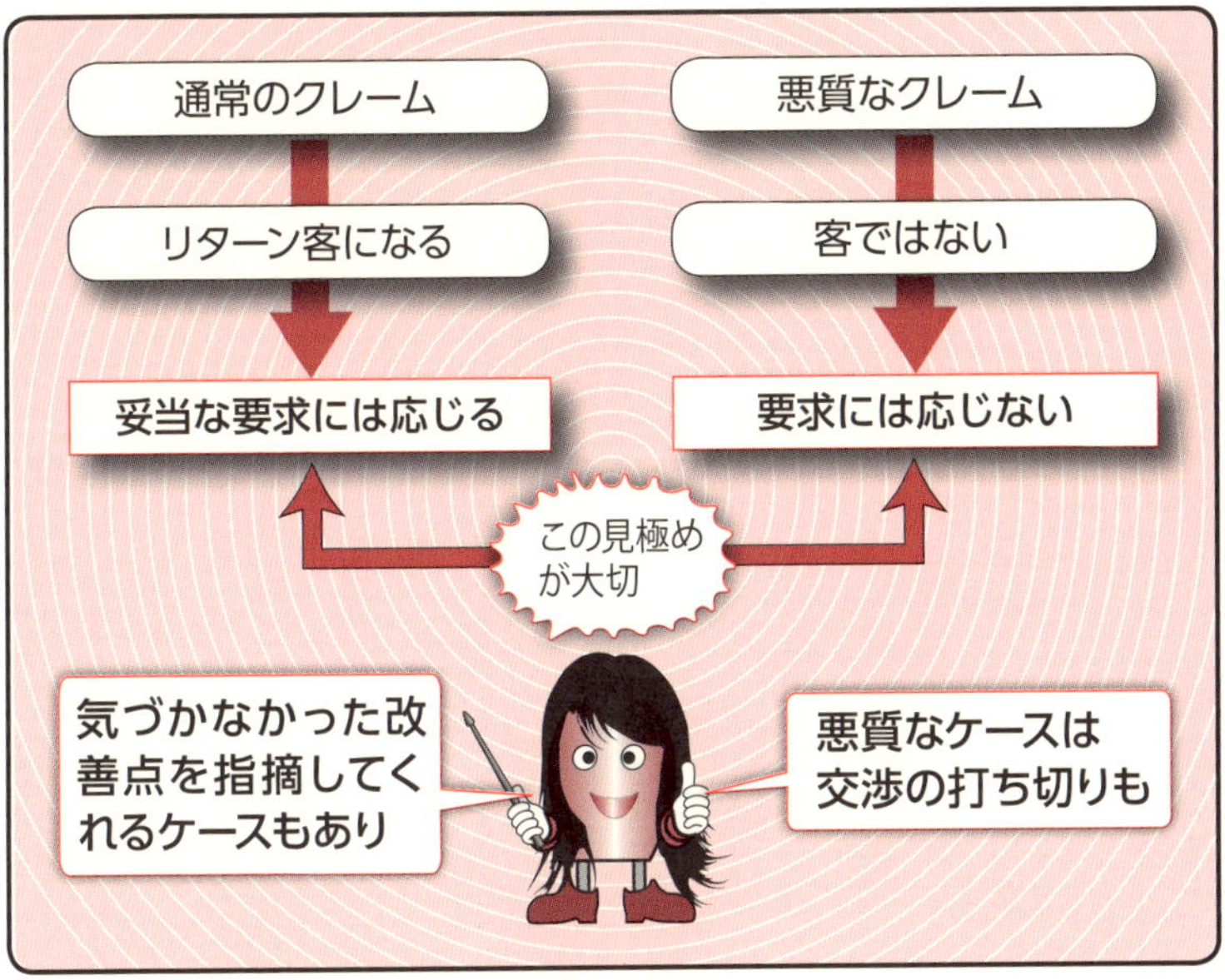
通常のクレーム
リターン客になる
妥当な要求には応じる
悪質なクレーム
客ではない
要求には応じない
この見極めが大切
気づかなかった改善点を指摘してくれるケースもあり
悪質なケースは交渉の打ち切りも

かった経緯を詳しくお聞かせ願えないでしょうか？」

クレーマー「録画できなかったんだよ、俺がウソついてるとでも言うのか！」

お　店「いえ、具体的にどのような現象なのか知りませんと、対応のしようがないもので……」

クレーマー「大切な友人に頼まれた、大事な番組だったんだよ！　録画できていないとなるとこちらが賠償しなくちゃなんないんだよ！　おたくその賠償金立て替えてくれるのかい？」

たいていの場合、このようなクレーマーの意見は、自分の主張ばかりでこちらの話に聞く耳を持たないものです。

挙げ句の果てには自分の落ち度を棚に上げて、金品の要求までしてきています。こうなったらもう客ではないのです。

「おい、客に向かってその態度はなんだ！」と、クレーマーは自分が客であることを、必要以上に主張する傾向にもあります。

「こちらといたしましては、できるかぎりの対応をしたつもりです。これ以上、お客様とお話しを続けても解決の糸口は見えませんので電話を切らせていただきます」

交渉の打ち切りを相手に伝えることも大切

このようなクレーマーに対しては、ある程度、真摯な対応を示したあとに、こちらから交渉を打ち切るようにするのが得策です。

〝録画がされていない〟という原因を究明し、結果的に店側に不備があれば、弁済の気持ちを見せているにもかかわらず、金品だけを要求し続けられたらラチがあきません。

その後、何度も電話をしてくるかもしれません。しかしその際にも毅然とした態度で対応すれば、悪質クレーマーはあきらめて退散するものです。

このようなクレーマーに対して絶対にやってはいけないことは、相手の言い分を正当化する対応です。

「申し訳ございません。早速新しい商品と交換させていただきます」

「できるかぎり、お客様の被った損害を代償させていただきます」

という具合に、謝罪がクレーム対応の第一歩とはいえ、相手の言い分を丸呑みにして補償を約束するような言動をけっしてしてはいけません。

店側に全面的な非があると決まったわけではないのです。それを自ら非があるような言い回しをしてしまえば相手の思うツボです。

相手の意見の矛盾点を探すのも大切

もともと悪質クレーマーは、どうでもいいことを大きな問題にして問いかけてくるものです。それを真正面から受けたら、それこそ相手の思うツボです。

「電源が入らない」というクレームならば、「コンセントはつながっていますか？」「充電はされましたか？」などと困っていることに対して、ひとつひとつ答えることです。

「故障じゃないか！」とすごまれたら、「申し訳ありませんが、保証期間でしたら無償で修理させていただきます。保証書の控えなどございますか？」などと丁寧に応対すると、「マニュアルがわかりづらい」「お前の説明の仕方が悪い」などと、関係ない方向へいくケースもあります。

そのときはすかさず、

「お客様、電源が入らない件はいかがなさいましたでしょうか？」

と振り出しに話を戻すと根負けして向こうから電話を切るケースもあります。

Point

1・悪質クレーマーかどうかをまずは話し方や内容から判別することが大切

2・悪質クレーマーは客ではないので、まともな対応をする必要はない

理不尽な要求には早めの交渉打ち切りが賢明！

鉄則30

「責任者を出せ」は悪質クレーマーの常套句

いきなり高圧的な態度で迫ってくるクレーマー

会社のオフィスにかかってきた1本の電話。その電話をとるなり、

「おたくの商品買ったら、欠陥だらけで使えないじゃないの。いったいどうしてくれるの？」

こんな声が聞こえてきたらどうですか。気が動転して、何をしゃべっていいのかパニックになってしまうことは当然だと思います。

「責任者を出せ！　どう落とし前つけてくれるんだ！」

このような「責任者を出せ！」とすぐに言いだす人は、かなりの確率で悪質クレーマーである可能性が高いものです。

このタイプのクレーマーはなんとか早めに、金銭なり代替案など、自分の描いたシナリオに近い要求を相手に通そうと急ぐ傾向にあります。そのため言葉も激しくなるのです。

「どう落とし前をつけるんだよ！」

と何度も同じようなフレーズを繰り返されると、つい自分の口から、

「できれば、代金を返金させていただくのと同時に、新しい商品をお送りするという形ではどうでしょうか？」

などと交渉の条件を言ってしまいがちですが、

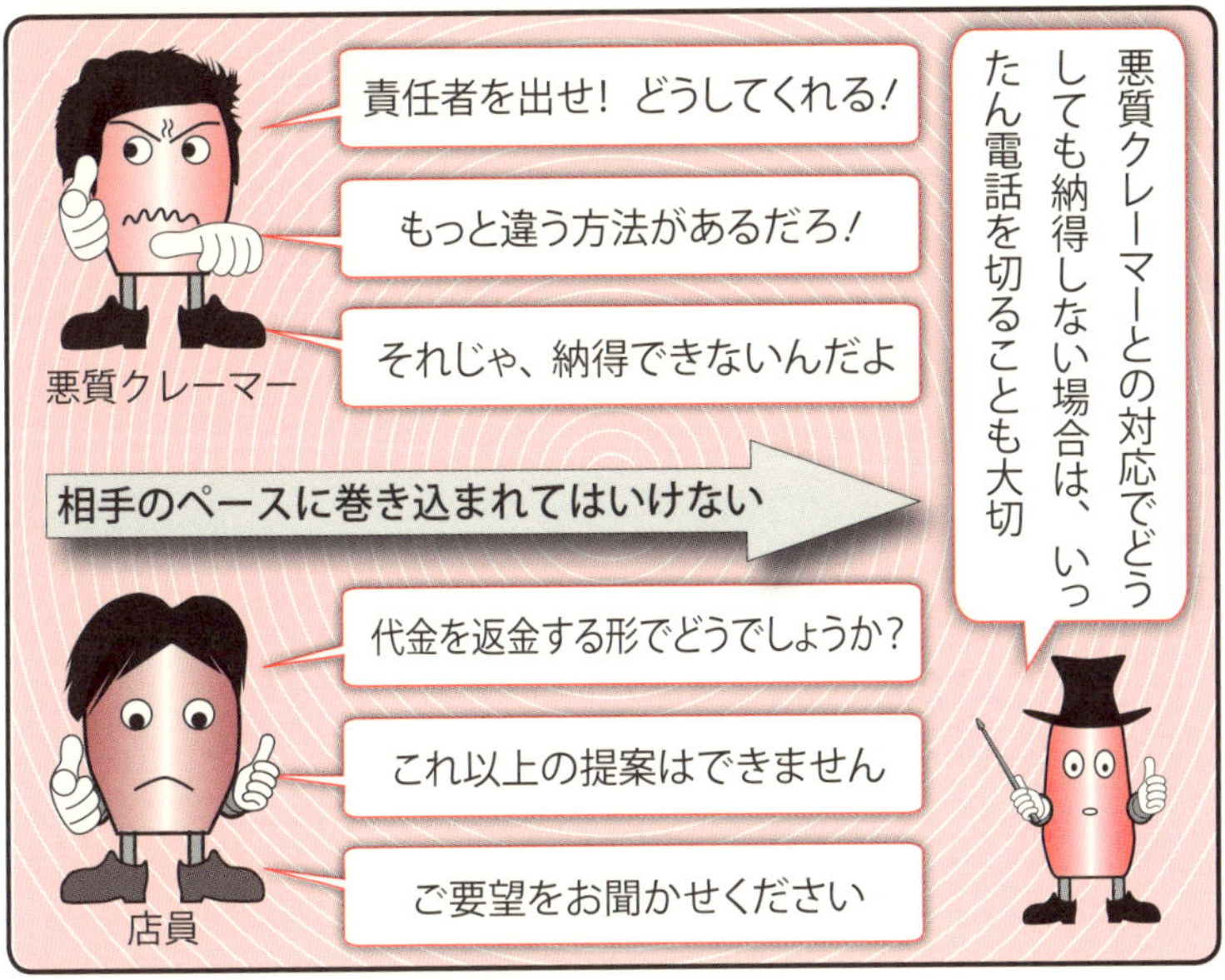
悪質クレーマーとの対応でどうしても納得しない場合は、いったん電話を切ることも大切
責任者を出せ！ どうしてくれる！
もっと違う方法があるだろ！
それじゃ、納得できないんだよ
悪質クレーマー
相手のペースに巻き込まれてはいけない
代金を返金する形でどうでしょうか？
これ以上の提案はできません
ご要望をお聞かせください
店員

これは相手のペースに完全にはまるパターンなのです。

このような条件をすぐに出されると相手は、『なんだ、これだけの条件をすぐに提示してくるのだから、ゴネればもっといい条件が出てくるかもしれないな……』と心の中でつぶやき、「オレはそんなものを要求しているんじゃないんだよ、もっと違う形があるだろ」

などとかえって厳しい条件提示を要求される可能性があります。

相手のペースに巻き込まれないような交渉を心がけよう

このような場合は商品に欠陥があるかどうかを、まずは確かめることです。

いつ購入したものなのか、どのように使ったら欠陥品であると判断したのか……等々、確かめることが大事なのです。

それを「どう落とし前をつけるんだよ！」と

いう言葉だけに反応して、その言葉に対して返答すると、どんどん相手のペースに巻き込まれてしまいます。

ここは冷静に、

「お客様、弊社の商品で大変ご迷惑をおかけしました。誠に申し訳ありません」

と、まずは丁寧に謝罪の言葉を出すことがいいでしょう。

本当に欠陥商品で、何かしらの対応を求めている顧客であれば、

「ここが悪い、あそこが壊れているようだ……」

と商品に対していろいろとコメントを言うものです。

それがこのように、

「どう落とし前をつけるんだ!」

と今後の対応ばかりにこだわるパターンは商品は二の次で、目的は別なところにあることは明白です。

いったん電話を切ることも大切

鉄則29でも解説しましたが、悪質クレーマーとの対応のなかでは、いったん交渉を中断できそうな場合は、できるだけ一度電話を切ることも大切です。

なかには、歴戦の強者がたまに潜んでいます。一人で判断するとかえって事態を悪化させるようなこともあるからです。代替品などの提供を要求するケースは、特に注意が必要です。

こちら側に非があるならば、今後の事態の悪化を防ぐために、迅速な対応が必要です。しかし明らかに悪質クレーマーと判断した場合は、上司をはじめ、多くの人の意見を聞くことも大切です。

以前こんなことがありました。あまり長い時間交渉を続け、クレーマーは勝ち目がないと判断するや、今度は「対応に時間がかかりすぎ、電

話代がかかったので、その代金をもらえないか」と言いだしたのです。

いったん交渉の電話を切ることは、他の人の意見を聞けるメリットはもちろん、このような「電話代をよこせ」などの難クセをかわすことにもなります。

なかには、いきなりクレーム電話をコレクトコールでかけてくる輩もいます。これは１００％とは言えませんが、悪質クレーマーである可能性が高いです。

悪質クレーマーは小さなことを大げさに取り上げ、相手を徹底的に困らせます。そして弱みを見つけると一気にそこへ付け込んできます。

さて、クレーマーの心情を逆なでする言葉に、

「ご理解いただけましたでしょうか？」

というのがあります。

「わかりますか」という言葉には上から目線の意図がとれますので注意しましょう。

Point

1・悪質クレーマーには自ら譲歩する条件を出さない

2・理不尽な要求ばかりを言う相手とは、いったん交渉を中断する

悪質クレーマー相手には単独で対応せず、他の人の意見も聞くこと！

鉄則31

クレーマーには具体的な要求を問いただす

相手の言い分から悪質クレーマーかどうかを判断する

悪質クレーマーの目的は、代替品や金銭を受け取ることです。

過去に半年間で約7000回、購入した商品に異物が混入していたなどという電話を手当たり次第に繰り返し、金品を奪い取っていたという事件が明るみになり、45歳の無職の女が詐欺容疑で逮捕されるという事件がありました。

店側は悪い噂を立てられてしまったら、大きな損害を被る可能性もあると判断し、その女の言い分に応えたのが原因であると考えられます。

たしかに少額であれば、店側にとってもたいした損害にもならず、穏便に早期解決をしたいという心理をついています。

このような悪質クレーマーかどうかは、どのように見分ければいいのでしょうか。

多くの場合、根拠のない説明や店側の対応を求めてくるケースがほとんどです。

すべてのクレームに共通することですが、**まずは「謝罪」、そして「言い分を聞く」**ことです。その応対のなかで、見返りばかりを話題にするケースは悪質クレーマーの可能性が高いと判断していいでしょう。

悪質クレーマーの場合は、じっくりと相手の言い分を聞くことにより、必ず矛盾点が出てきます。そこを追及すればいいのです。

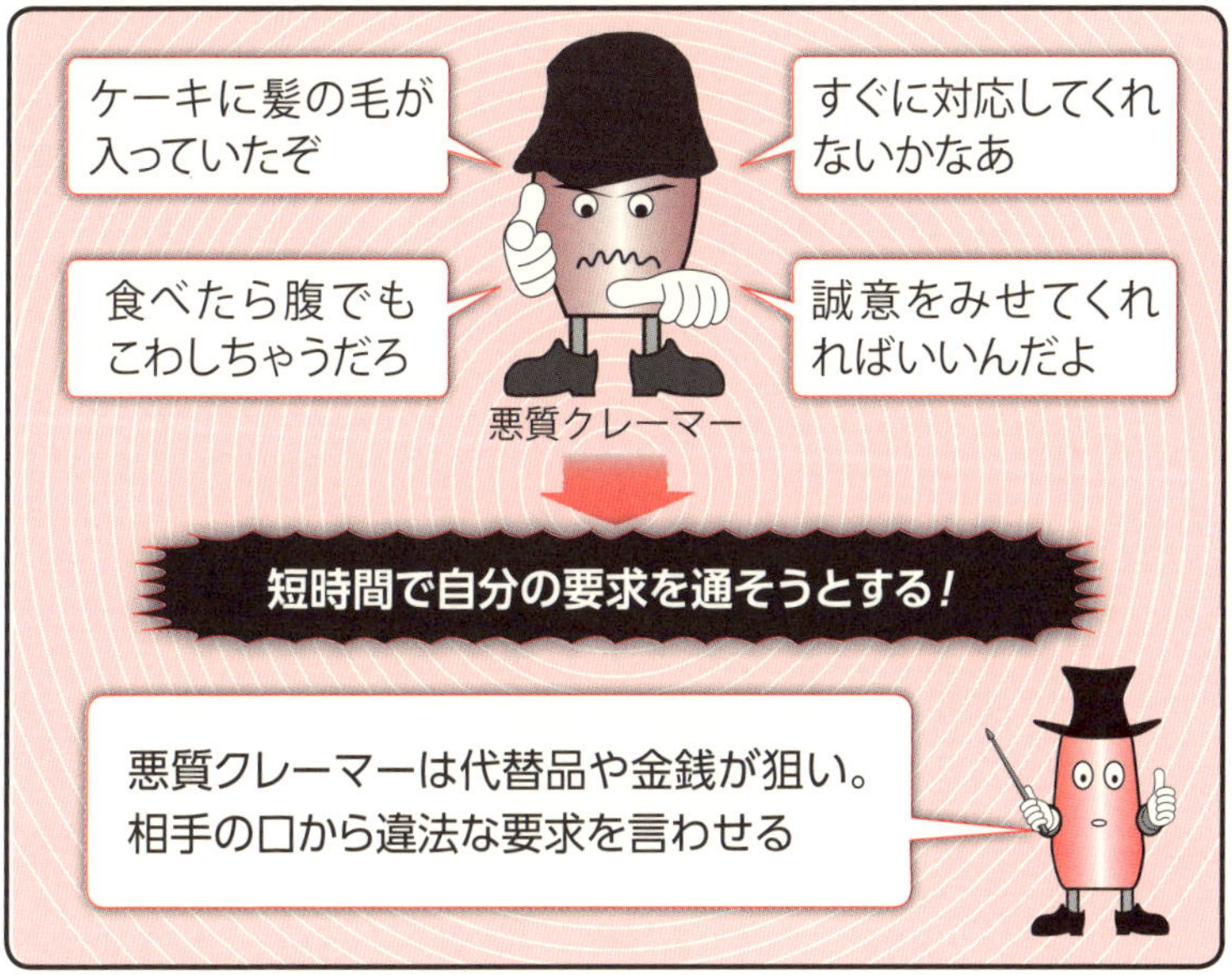
ケーキに髪の毛が入っていたぞ
すぐに対応してくれないかなあ
食べたら腹でもこわしちゃうだろ
誠意をみせてくれればいいんだよ
悪質クレーマー
短時間で自分の要求を通そうとする！
悪質クレーマーは代替品や金銭が狙い。相手の口から違法な要求を言わせる

クレーマー「おい、お前のところで昨日買ったケーキに、髪の毛が入っていたぞ、どうしてくれるんだ！」

お店「誠に申し訳ありません。どのようなケーキでしょうか？」

クレーマー「ショートケーキだよ、腹でもこわしたらどうしてくれるんだよ。治療費とかちゃんと支払ってくれるんだろうな！」

お店「ご迷惑をおかけしました。昨日、何時頃購入した商品でしょうか？」

クレーマー「何時頃って！　おい、こっちは髪の毛の入ったケーキを買わされたんだぞ」

お店「もちろん、しっかりとした対応をさせていただきます。そのためにも申し訳ありませんが、購入した時間をお教え願えないでしょうか？」

真摯な態度で、こちらからは善処する意志があることを伝えます。その対応に向け、クレーマーに対して質問を続けるのです。

悪質クレーマーでない場合は、しっかりとレシートを準備したり、レシートがなくても購入したときのことは覚えています。

暴言にも動揺しないで相手の要求をしっかりと聞きだす

短時間で自分の要求を通すことが、ある意味悪質クレーマーの目的でもありますから、

「どう落とし前つけてくれるんだよ！」

と対応の結果ばかりを聞いてきます。

あまりにも威圧的な態度で「どうしてくれるんだ！」と連発するようでしたら、

「お客様、こちらといたしましては、できるかぎりの対応をしたいと考えております。どのような解決方法をお望みですか？」

という具合に、相手の具体的な要求を聞くのです。

最近のクレーマーはなかなか自分の口からは金品を要求しませんが、しつこく、

「お客様の納得する解決方法はなんでしょうか？」

と連発すれば、「もういい！」と電話を切るケースもあります。もし具体的金額を要求すればしめたものです。

「お客様が今おっしゃいました○万円を用意する要求に対して、詳しい担当者と検討しますので、連絡先を教えてください」

「詳しい担当者」という弁護士のようなニュアンスを残すことがポイントです。クレーマーは警察沙汰になることを一番に怖れますので、退散すると考えられます。

悪質クレーマーは、何度も同じような手口で金品を受け取っている可能性があります。長期戦は苦手なケースがほとんどです。その性格を逆手にとって対応すればいいのです。

「申し訳ありません」の使い方にも注意しよう

クレーム対応において、「申し訳ありません」「ごもっともです」というフレーズはよく使われます。

しかし相手のどのような発言なのか考えもせず、「面倒なので謝罪の言葉を言っていればいいや」という気持ちで対応すると、クレームの火種がとんでもないところに飛び火することもあるので注意が必要です。

クレーマーは「お前のところの商品は欠陥品だよな」と言っている言葉に対し、「ごもっともです」なんて言ってしまったら、商品の欠陥を認めたと判断されないとも限りません。

クレーマーは相手のこのような失言も狙っているのです。

対応の言葉もしっかりと選んで使うように心がけましょう。

Point

1・相手のクレームの内容をしっかりと把握する

2・相手の要求が、具体的にどのようなものなのかを聞きだす

相手のペースに乗らず、要求に応じられるかどうかの判断を的確に!

鉄則32

相手の失言を利用してクレーマーを追い込む

意味不明なクレームは必ずつじつまが合わなくなる

何度も言いますが、悪質クレーマーは、相手の弱みに付け込んで金銭や代替品を奪い取ろうとします。そのため、つい失言してしまうケースも少なくありません。その失言を逆手にとって、逆にクレーマーを追い込み、解決に結びつけることも大切です。

クレーマー「お前の店で買った肉まん、冷めてるし腐ってる味がしたぞ」

お店「申し訳ありません。しっかりと温かいものをお渡ししているはずですが……」

クレーマー「中身が冷めてたんだよ。そうそう、店長オススメって書いてあったから信用したのに、腐ったような味がするぞ！　どこがオススメなんだよ！」

お店「味には自信があるのですが、お客様のお口には合わなかったようですね」

クレーマー「俺も味にはうるさいんだよ！　特に肉まんに関しては、全国ほとんどのものを食ってるんだよ。その俺がまずいって言ってるんだよ、どうしてくれるんだよ」

お店「相当肉まんに関しては詳しいみたいですね。どのお店の肉まんが一番お

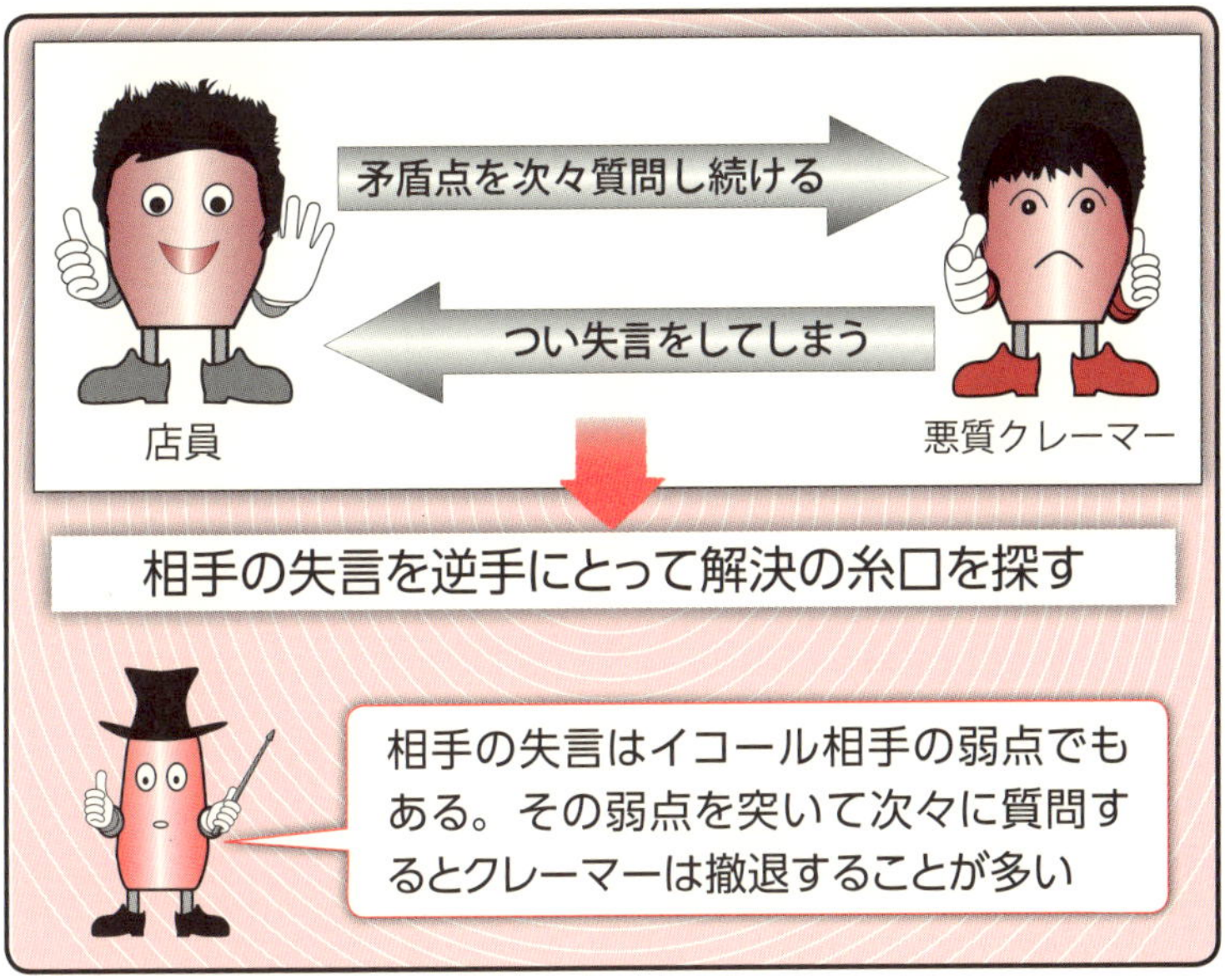

矛盾点を次々質問し続ける
つい失言をしてしまう
店員
悪質クレーマー
相手の失言を逆手にとって解決の糸口を探す
相手の失言はイコール相手の弱点でもある。その弱点を突いて次々に質問するとクレーマーは撤退することが多い

いしかったでしょうか？　お教え願えないでしょうか？」

クレーマー「ほら、あの○×駅前にある、△△っていう店だよ」

お　店「あそこの肉まんですか。具体的な銘柄はなんでしょうか？」

クレーマー「あれだよ、あれ……」

店側は質問をされる側から、する側に途中からすり替わっています。

そのきっかけになったのが、クレーマーの「俺は肉まんの味に関しては詳しい」というひと言です。もし本当に味に詳しく、肉まんの味に異変があるのであれば、最初からしっかりとした根拠を言ってくるはずです。ほかにも味にはうるさいとか、クレームの内容に一貫性がなく、何に対して怒っているのか不明です。

悪質クレーマーは、小さな事柄を誇張して言う傾向にあります。おそらくこのケースは、冷めてしまった肉まんがおいしくなかったので、腹をたて、電話をしてきたというのがオチでしょう。あわよくば金品を手にしようという魂胆です。

矛盾点はイコール相手の弱点でもある

話の中に矛盾点が出るように、こちらから誘導質問をすることも、クレーム対応では大切です。「味には自信があるのですが」と言われれば、何かしらの反論はくるはずです。その反論の中に、失言につながるような内容を見つけだし、そこを攻めていくのです。

しかしいくら失言があったとしても、鬼の首を取ったような態度で、詰問を続ける対応はNGです。

「私はあなたの理解者ですよ」というような、クレーム対応の基本姿勢は崩してはいけません。**クレーム対応は議論ではないのです。相手に納得してもらうのが一番なのです。**

詰問などを続けますと相手は逆ギレし、「お前のその言い方はなんだ」「人をバカにするような言い方をする奴だな」などと、本来のテーマから違った方向へ話が進んでしまい、どこが解決の糸口か訳がわからなくなってしまいます。

こちらから失言を誘っているにもかかわらず、逆に自ら失言をしてしまうようなことだってあるのです。

悪質クレーマーは自分が悪いということは知っています。知った上で、クレームをつけているわけですから、その〝自分が悪い〟という心理状態を揺さぶることができれば、解決につながるというものなのです。

悪質クレーマーを怖れる必要はありません。クレーマーは自分の失言を確認すると、その失言をなんとかフォローしようとし、さらなる失言をして結果的には自爆してしまうものです。そこに解決の糸口があるのです。

悪人には悪人のネットワークがある

オレオレ詐欺に不幸にも遭ってしまった人が、なぜその後も同じような手口でだまされてしまうのでしょうか。

それは悪人には悪人同士のネットワークがあるからです。被害者の家の表札に何かしらの暗号を書き込んで、他の詐欺師へのサインとして使っているケースもあるほどです。

クレームも同じです。悪質クレーマーに対して、少しくらいの金品で納得するなら、交渉するのも面倒だなんて渡してしまったら、

「あの店はゴネると金を出すぞ」

という情報が広まり、また新たなクレーマーの登場にもつながりかねません。

毅然とした対応は、他の悪質クレーマーへのけん制球にもなっていることを知っておくといいでしょう。

Point

1・失言から新たな矛盾点を見つけだして相手を追い込む

2・クレーマーの心の中にある〝自分が悪い〟という感覚を逆手にとる

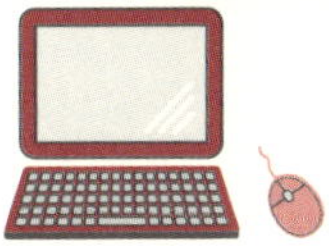

クレーム対応は議論や討論ではない!

鉄則33

録音やメールで記録を残せば鬼に金棒

クレーマーが口走ったそのひと言を反撃材料にする

何を言ってもなかなかラチのあかない、いわゆる悪質クレーマーとの交渉では、できるかぎり記録を残すことが大切です。

電話での対応であれば録音をしておくのもひとつの方法です。

クレーマーの暴言や脅迫まがいの発言は、結果的にクレーマーにとって不利になる要素なのです。

しかし、鉄則31で紹介した通り、悪質クレーマーは短時間で結果を出そうとするあまり、つい勢いで自ら墓穴を掘るような発言をするものなのです。

クレーマー「おい、おたくで昨日買ったコロッケ食べたら、下痢しちゃったよ。腐ってたんじゃないか！」

お店「申し訳ありません。お身体のほうは大丈夫でしょうか？」

クレーマー「大丈夫じゃないからこうして電話してるんだろ。これから病院へ行くから、治療費払ってくれよな」

お店「病状はどのような感じでしょうか？」

クレーマー「もう、下痢が止まらなくてよ。あっそうそう、今日、会社休むんで休業補償もしてくれよな」

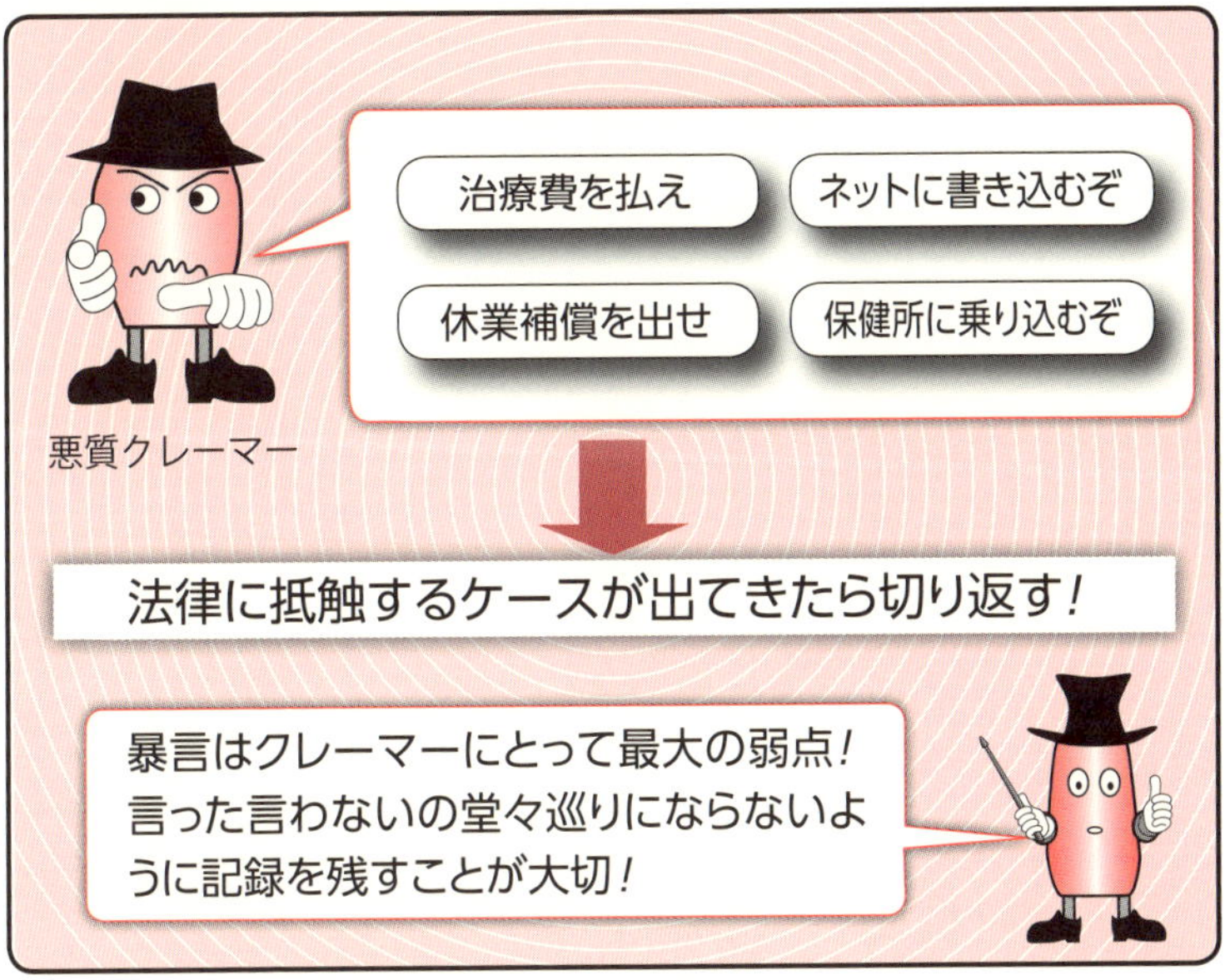
治療費を払え
ネットに書き込むぞ
休業補償を出せ
保健所に乗り込むぞ
悪質クレーマー
法律に抵触するケースが出てきたら切り返す！
暴言はクレーマーにとって最大の弱点！言った言わないの堂々巡りにならないように記録を残すことが大切！

お店「そんなこと急に言われましても……」
クレーマー「じゃ、保健所にこれから行って説明してくるわ。それからネットでも広めてやるから覚悟しておけよ！」

このあと、店の担当者は上司に相談し、もう一度このクレーマーと交渉することになりました。

「治療費を払え」
「休業補償を出せ」
「保健所に乗り込むぞ」
「ネットに書き込んでやるぞ！」

このような暴言についてその意図を問いただすと、自分の発言に問題があったことに気づいたのか、クレーマーは手のひらを返すがごとく、
「そんなこと言いましたっけ。何かの勘違いじゃないですか？」
と返答する始末です。

もう言った言わないの世界ですので、先日の

暴言に対して突き詰めることはできませんでした。

記録に残さなければ〝言った言わない〟の堂々巡り

序章でも書いたように、クレーマーとのやりとりのなかでは、密接な関係にある法律が数多く存在します。

力尽くで金品を奪い取れば「強盗罪（刑法236条）」になりますし、「夜道に気をつけろよな」などと言い、相手に精神的な恐怖感を与えれば「脅迫罪（刑法222条）」が適用されるのです。

胸ぐらをつかんできて恫喝などを加えれば「暴行罪」（刑法208条）、うっかり殴ろうものなら「傷害罪（刑法204条）」に発展します。

最近問題になった、土下座などを無理やりさせるような行為は「強要罪（刑法223条）」に引っかかることもあり得るのです。

このように、国は法律でわれわれ善良な市民を守っているので、暴言を吐いたり土下座を強要されてもなんら怖がることはありません。

しかし、これらの行為が法律によって処罰されるかどうかは、証言だけではなかなか立証することが難しいのが現状です。

老人ホームでの高齢者への暴行や暴言、保育園での乳児への虐待などは、証拠がなければ警察はもちろん、そこの施設の責任者も動いてくれません。

「わたしはそんな行為はやっていません」

「そんな暴言は吐いていません」

こう言われたら、それを覆すのは至難の業でしょう。

しかし録画や録音があれば、動かぬ証拠となり、相手をギャフンと言わせることが十分可能になるのです。

悪質クレーマーは記録を残されるのを非常に嫌う傾向にあります。

メールでの対応もひとつの証拠になる

最近は携帯電話の記録から、過去の行動パターンなどを分析することも可能です。野球賭博問題で解決の糸口になったのも、携帯電話でのメールのやりとりです。

もしこの事件、携帯電話でメールのやりとり記録が見つからなければ、真相は永久に闇に葬られていた可能性もあったわけです。

ちょっとしたやりとりのなかに、つい相手を中傷する言葉を含んだメールが発見されると、それは有効な交渉手段として利用することもできます。

逆に言えば、**こちらから発信するメールの内容にも細心の注意が必要**であることはいうまでもありません。

たかがメールだからといって軽く考えることは絶対にやめるべきなのです。

Point

1・クレーマーの失言は反撃の材料になる

2・クレーマーとのやりとりはどんな形であれ、記録をとっておくこと

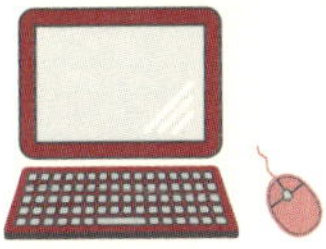

録音や映像は重要な証拠になる!

鉄則34

悪質クレーマーには単独で対応してはいけない

顔の見えないクレーマーほど怖いものはない

クレームは突然やってくるものです。慣れた悪質クレーマーになると、対応した相手から金品を奪えるかどうかを一瞬で判断する輩も存在します。

そんな悪人たちの餌食にならないためにも、商品を提供する側にとって、クレーム対応は非常に大切なのです。

相手「先週送られてきた果物、開けたら傷だらけのリンゴが入っていたぞ、ちゃんと確認して送っているのか!」

お店「誠に申し訳ありません。どちらでお求めになった商品でしょうか?」
相手「○×デパートの果物売り場だよ、よくこんな果物送ってくるな!」
お店「しっかりと調査した上、こちらの不手際がございましたら、すぐに新しいものを送らせていただきます」
相手「オレは今日、食べたいんだよ。それに調査ってのはなんだよ、客をバカにしているのか! ちゃんと誠意ってものをみせろよな!」
お店「わかりました、これからお客様の元へ、新しいリンゴをお持ちして伺わせていただきます」

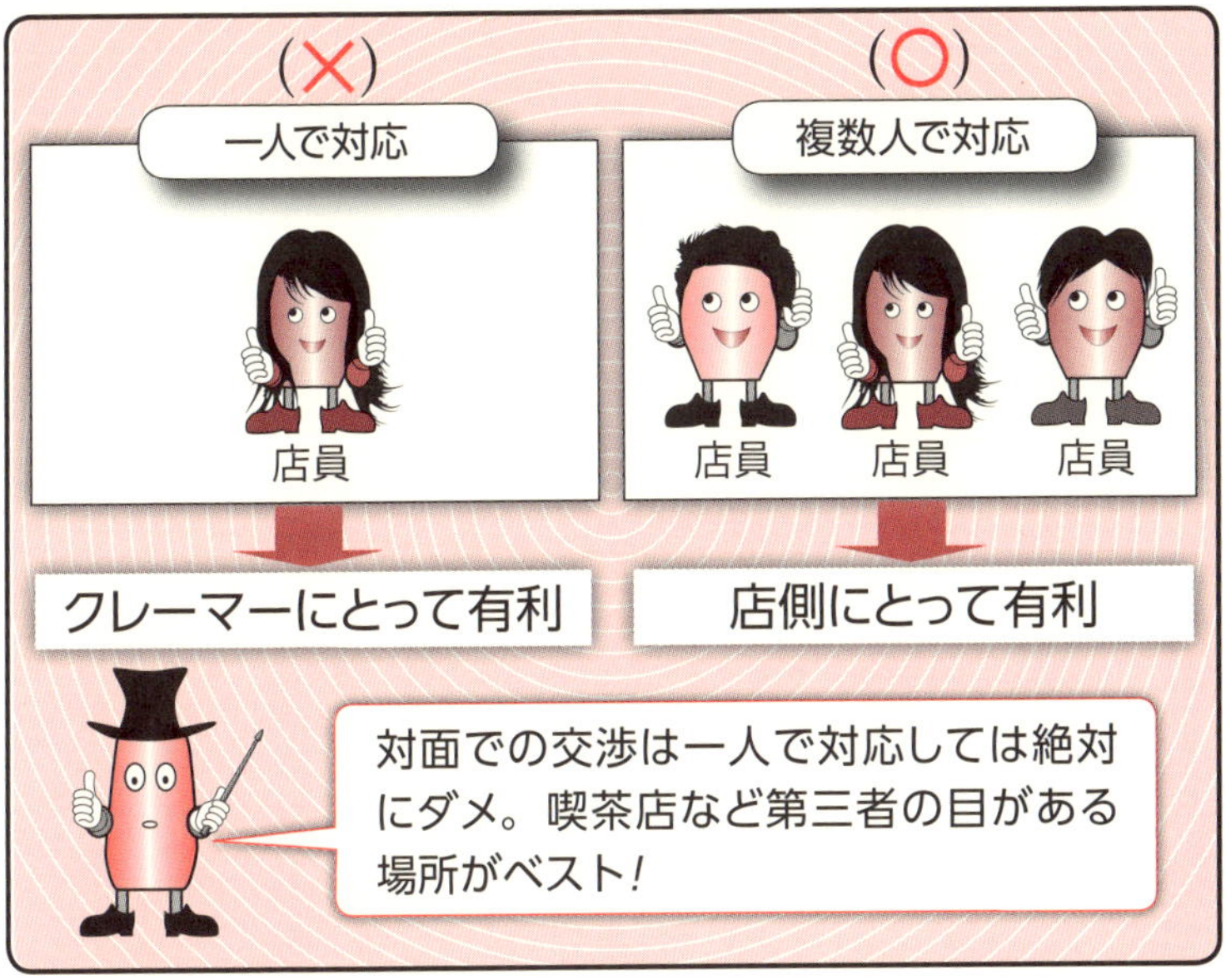
（×）
一人で対応
店員
クレーマーにとって有利
（○）
複数人で対応
店員
店員
店員
店側にとって有利
対面での交渉は一人で対応しては絶対にダメ。喫茶店など第三者の目がある場所がベスト！

上司と相談の上、傷だらけのリンゴがどんな状態なのか、確認の意味も兼ね、対応したお店の人は相手先の自宅に行くことになりました。

しかし、ここで注意してもらいたいのは、けっしてクレームの相手の家などには一人で行ってはいけないということです。

相手の人はどんな相手なのかわからないのです。特に恫喝まがいの口調でクレームをつけてくる人には要注意です。

相手の自宅は密室です。

そこでどんな交渉事が行われているかは、後々証明することができず、穏便にすむ話が大きな案件になってしまうケースも少なくありません。

クレーマーとの交渉は第三者の目がある場所を選ぶ

相手宅に呼びだされたケースでは、必ず複数の人間で対応することを心がけるべきです。

クレームを言ってきた相手が女性の場合など、

特に気をつけなければなりません。

交渉がうまくまとまらなかった腹いせに、今度はセクハラを受けたなんて言わないとも限らないからです。

クレーマー宅へ行ったら、そこが反社会的勢力の事務所だったというケースも100％ないとは言えません。このような場所に一人で行ったら、もう交渉どころではなくなってしまうでしょう。

可能であれば、相手との対面交渉は、ホテルのロビーや開放的な喫茶店など第三者の目がある場所がいいです。このような場所であれば、他の人の目があるので、クレーマーは大きな声を上げたり、暴言など吐きにくいからです。

単独行動はクレーマーにとっては格好の餌食

これは実際にあった話です。

ある高級果実店で1個1000円もするデコポンを購入し、家に帰り切ってみると、中は虫が食い散らかしたような形で、とても食べられる状態ではありませんでした。

レシートも残っていたため、何時に購入したものかなどを店側に伝え、その状態を写真に残しておくので、今度お店に行ったときには、新しいものと交換してほしい旨を伝え電話を切りました。

すると1時間もしないうちに、その果実店の人が、新しいデコポンを5個持参し、自宅に丁寧に謝罪しにきたというのです。

店側の言い分では、そのクレーム電話のあと、念のためデコポンコーナーの他の実を切ったところ、同じように虫が食い散らかしたような状態であり、もしそのまま販売していたら、被害はもっと拡大してしまった可能性があるとのことで、非常に感謝をされたというのです。

おそらく、クレームを言ってきた人の言い方も紳士的で、事実を言っていると店側が瞬時に判断したのでしょう。

このようなケースでも、店側の人間は上司らしき人と二人でその苦情を言ってきた自宅を訪れたといいます。

以上のような良識あるクレームであっても、店側が客の自宅を訪れる際には複数人で行くのですから、悪質クレーマーへの対応はけっして単独で行ってはいけません。

鉄則31でも説明しましたが、大事な決定事項を自らの判断でしなければならない可能性もあるからです。

クレーマーにとって交渉相手は会社の代表者と思って責めてきます。

自分が仮に新入社員であっても相手にとってそのようなことは関係ありません。

うっかり言質《げんち》をとられると、その言葉は会社と約束したことにもなり、後々面倒な事態になることもあるということを考えておく必要があります。

Point

1・相手先に謝罪に行く場合は、けっして単独で行動してはいけない

2・話し合いは第三者の目がある場所で行うのが効果的

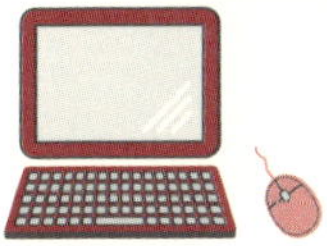

悪質クレーマーのペースに巻き込まれるので、単独行動は絶対に慎むべき！

鉄則35

弱みを見せるとさらに大きな要求に変わる

「やめてください」は言ってはいけないフレーズ

人間には誰にでも弱点があるものです。しかし、クレーム対応においては、絶対に相手に弱点を見せてはいけません。もしその弱点がクレーマーに知られてしまったら、交渉の武器にされてしまうからです。

どんな企業であれ、ネットであることないことを書かれることは避けたいものです。

つまりこれは企業側からみれば「弱み」になります。

法律に疎い人に対して裁判所に訴えること、タクシー業界でいえば、タクシーセンターに苦情を持ち込まれることを嫌います。これも「弱み」です。当然、悪質クレーマーはそのあたりは熟知しています。

お弁当店を営んでいるAさんの店にこんなクレームの電話がかかってきました。

クレーマー「おい、今弁当買ったもんだけど、箸が入ってないぞ、手で食べろってのか！」

店　主「申し訳ございません、今すぐお持ちしますので、どちらにお持ちすればよろしいでしょうか？」

クレーマー「もう食べちまったよ！　この始末どうつけるつもりだよ！」

やめてください！
おっ、困っているな……
よし、付け込んでやれ
店員
悪質クレーマー
「やめてください」と言ってはいけない
やめてください
＝
相手の弱点
クレーマーにとって相手の弱点は大好物である

店主　「今度ご来店の際に、ひとつ無料でサービスいたしますので、それでご勘弁願えないでしょうか?」

クレーマー　「ひとつ無料だと！　納得できないな。そうだ、こんな仕打ちされたってネットに書き込んでやる」

店主　「ネットに書き込むことだけはやめていただけませんか」

クレーマー　「やめてくれだと、じゃあその代わり何してくれるんだよ」

店主にとって、ネットに書き込まれることはなんとか避けたいものです。それはイコール「弱み」だからです。

ここで重要になってくるのは「やめてください」というフレーズです。クレーマーとの交渉のなかでは、けっして使ってはいけない言葉なのです。

特に、このケースの場合は、ひとつ無料にするという社会通念上、常識の範囲内での解決案を申し出ています。

しかし、その提案を無視し、さらなる要求をしています。悪質クレーマーである可能性は相当高いのです。

毅然とした対応が相手のペースを崩す

「やめてください」のひと言で、箸を入れ忘れたことに対する交渉事から、ネットに書き込まないでほしいという交渉に変わっているのです。

つまりクレーマーは「ネットに書き込む行為＝弱み」であることを悟ってしまったのです。

ここは、毅然とした態度で、

「こちらといたしましては、ひとつ無償でサービスする提案が精いっぱいです。**ネットに書き込みをするとのことですが、それはあなたの判断ですので私がどうこういうものではありません」**

と交渉を打ち切るべきです。クレーマーにとって、ネットに書き込みをする行為が目的ではないことは明らかです。金品や代替品を奪い取ることが狙いなのです。

クレーマーが「やめてください」というフレーズを待っていたところに、「ネットに書き込むことはあなたが判断してください」「どうぞ、好きにしてください」と言われてしまえば、もう続く言葉は見つかりません。せいぜい「見てろよ、後悔するぞ」というくらいでしょう。

「ネットに書き込むぞ！」

と言った時点で、もう箸を入れ忘れたことに対する交渉は終了しているのです。

もし店側がクレーマーの思惑通りに金品などを手渡したら、悪質クレーマーたちのネットワークで、〝あの店はクレームをつけると金品を払ってくれるぞ〟といった情報が出回らないとも限りません。

オレオレ詐欺で同じ人が何度もだまされるの

は、詐欺に遭った人の情報を、詐欺仲間で共有しているからです。

弱みはクレーマーにとって大好物

クレーマーからの要求がエスカレートするとつい、なんとか早めに相手を納得させて交渉をまとめたいと思いたくなるものです。

しかし、絶対に相手の要求には応じてはいけません。

自分の要求がなかなか通らないと、クレーマーもイライラしてきます。そして次の項でも詳しく解説していますが、「誠意をみせろ！」というフレーズが飛びだすのです。

相手のペースに乗るのではなく、相手のペースを崩す努力が大切なのです。

「弱み」はクレーマーの大好物なのですから、「やめてください」などと弱みを見せるような態度は慎むべきです。

Point

1・クレーマーとの交渉では「やめてください」と言ってはいけない

2・不当な代替案要求には交渉打ち切りの勇気を！

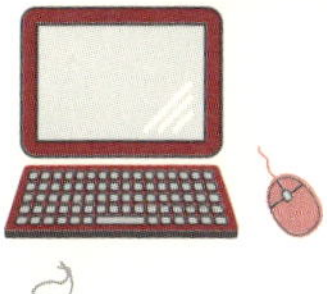

「弱み」を見せるとクレーマーは調子に乗って過度な要求をしてくる！

鉄則36

相手に「誠意をみせろ」と言われたら

無理難題をふっかけてくる客は悪質クレーマー

どう考えても難クセとしか感じられないクレームは、明らかに悪質クレーマーです。そのようなクレーマーに出遭ってしまったらどう対処するのがいいのでしょうか。

居酒屋で泥酔した客が、自分の不注意でテーブルの醤油を自分の洋服にかけてしまいました。ところが、いきなり店長に対し、

お客「おい、こんなこぼれやすい醤油差しなんか、なんでテーブルの上に置いておくんだよ。おかげでズボン汚しちまったじゃねえか！」

店員「お客様、大丈夫ですか。今、おしぼりお持ちいたします」

お客「おしぼりじゃねえよ。なんでこんな醤油差しなんか置いておくんだって聞いてるんだよ！」

店員「……」

お客「黙り込んだってしようがねえんだよ。どうしてくれるんだよ」

店員「……」

お客「黙ってないで、答えろよ。誠意をみせろっていうの！」

たいてい難クセをつけてくる相手と、押し問

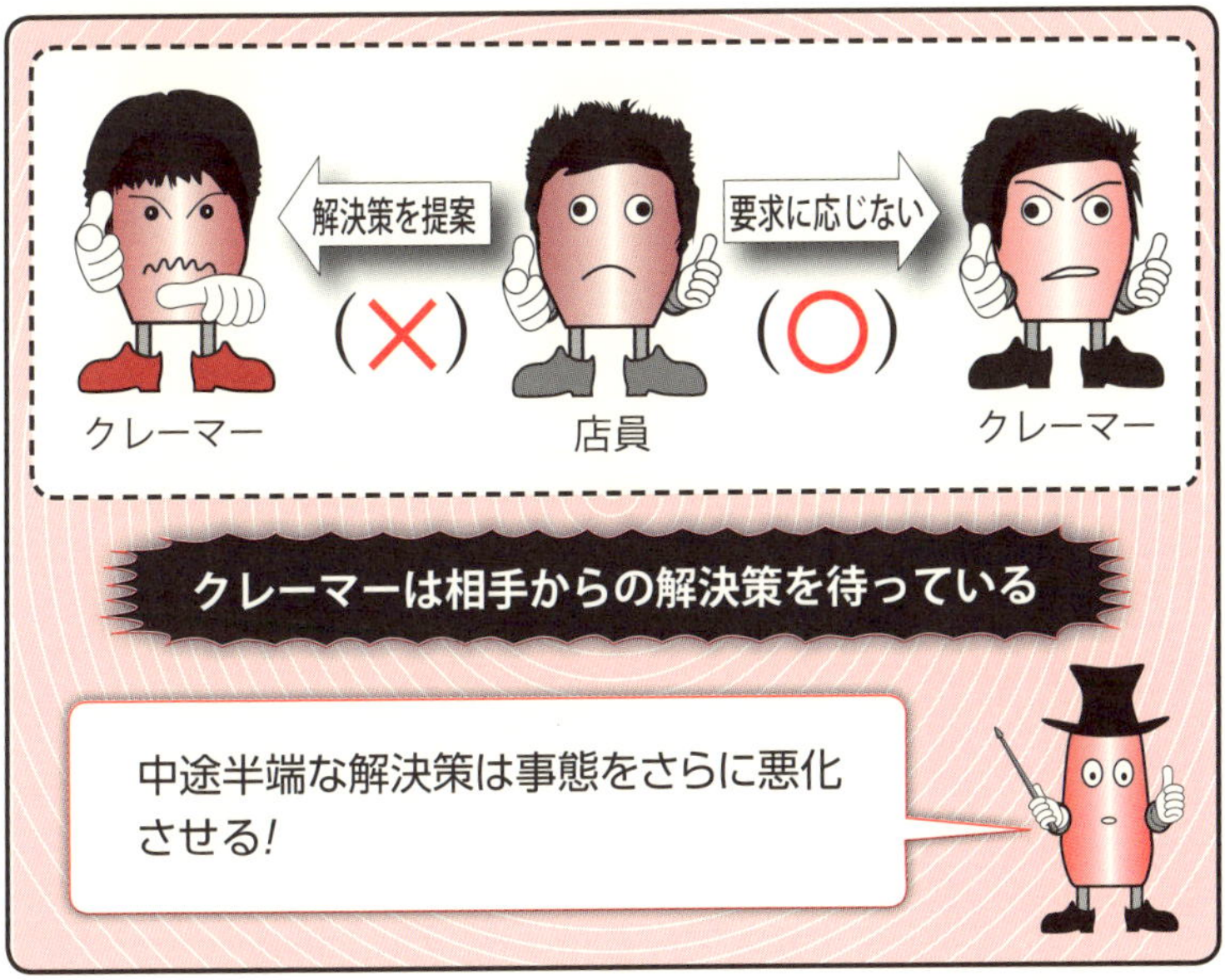
解決策を提案
(×)
要求に応じない
(○)
クレーマー
店員
クレーマー
クレーマーは相手からの解決策を待っている
中途半端な解決策は事態をさらに悪化させる!

答を続けていると、「誠意をみせろ!」と言ってくるケースが多いものです。しかし、この「誠意をみせろ!」と迫られれば、じつはしめたものなのです。

「ただいま、誠意をみせろとおっしゃいましたが、具体的にどのようなことでしょうか?」

と切り返せばいいのです。

「誠意ってのは誠意だよ、そんなこともわからないのかよ」

と言われても、

「私、理解力がないもので、お客様のほうからご提案していただけないでしょうか?」

と、何度「誠意をみせろ!」と言われても、オウム返しのように同じフレーズで対応し続ければ大丈夫です。

万が一、殴りかかろうものなら、警察に連絡すればいいのです。

しびれを切らした客が、

「クリーニング代と迷惑料など出してもらえれ

ば納得するんだがな」

などと、具体的な金品を要求したら、もう勝ったも同然です。

相手の失言を逆手にとって逆襲する

店員「お客様、ただいま大変重要な要望をいただいたようですが、手前どもから金品をお支払いするということでしょうか?」

お客「たとえばの話だよ」

店員「お金をお客様にお渡しするってことですか?」

お客「たとえばって言ってるだろ」

慣れたクレーマーになればなるほど、金品を要求することが最大の目的であっても、自分から要求すると、それは恐喝になることを知っています。

このケースのように、**「あなたはお店を恐喝していますよ」**と自覚させることができれば、完全にこちらのペースになります。

自分からは解決の提案をしてはいけない

明らかに店側になんら落ち度がないにもかかわらず、クレーマーは店側に文句を言ってきます。相手を逆上させないよう、静かに冷静に対応すれば怖いものはありません。

特に電話の場合、顔が見えないのをいいことに、暴言を吐いたり、強い口調で迫ってくるケースも少なくありません。

相手の強い口調に負け、失礼な対応や揚げ足をとられるような発言をして、

「今の対応はなんだ!」

「さっき、非を認めただろう」

などと、クレームの内容が違う方向へいくことだけは避けたいものです。

鉄則30でも解説しましたが、自ら解決の提案

をする行為は最初の段階では避けるべきです。

相手はあわよくば、何か代替品や金銭をゲットしたいというのが狙いです。その狙いにまんまと乗ってしまうことになるからです。

のらりくらりとかわし、「誠意をみせろ！」と言わせることができれば、こちらの勝ちとなります。なかなか引き下がらないクレーマーに対しては、

「こちらといたしましては、お客様には誠意をみせたと判断しております。**これ以上、お客様と対応策を見いだすつもりはありません**」

とはっきりと交渉を中止するという意志を相手に伝えると効果的です。

クレーマーとダラダラと無駄な交渉をするのは時間も無駄になりますし、うっかりこちらが失言する危険性もはらんでいます。

電話での応対の場合、交渉終了の意を伝え、こちらから電話を切るのもひとつの手かもしれません。

Point

1・クレーマーに失礼な対応や言葉尻の揚げ足をとられないようにする

2・「誠意をみせろ！」と迫られたら「どうすればいいでしょう？」と聞き返す

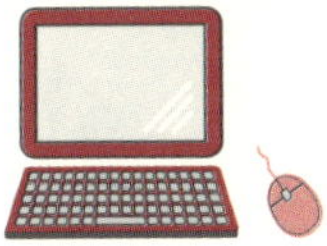

自分に非がないものに対してのクレームには自信を持って対応する!

Column Ⅵ

トラブルの起きやすい夜の商売 対応を間違えると 大きな問題にも発展する

「3000円で飲み放題」
「美人の女性スタッフがメロメロのサービスをします」
「満足いかなければ料金はいただきません」

国際都市、東京・新宿歌舞伎町のネオン街には、こういって客を呼び込む店が増えています。酒の勢いで上機嫌の客などが格好の餌食になりやすいのも現状です。

一晩で10万円、あるいは50万円という高額料金を請求するボッタクリ店は別にして、客の苦情、いわゆるクレームが多いのが、「サービスが悪い」「女性の態度が悪い」「店外デートがないじゃないか」というような内容のものです。

営業店「K」では、そういったタチの悪い客からのクレーム対処法として、店長が自ら客の立場に立った目線で対応し解決しているといいます。低姿勢で何時間でも相手の不満、怒りを聞くのです。

そして、最後には「今後の営業のための教訓になりました」と、客のプライドを損なうことなく応対すれば大きな問題にも発展せずに収まるとのことです。

第6章

クレーム対応に役立つ効果的なフレーズ

鉄則37

「ごもっともです」は解決へのキーワード

クレーム処理で忘れてならないのは言葉遣い

この章では、今まで解説してきたなかでも、特に重要と思われる点を、具体的なフレーズなどを用いいながら、その解決方法を紹介していきます。

さて、程度の差はあるとしても、クレームを言ってくる客は興奮状態にあります。被った損害をなんとかしてもらいたいと憤る切実な思いが、店側に対する怒りとなってぶつけられることになります。

一方、店側からすると、突然客に文句を言われるわけですから、これまた混乱しあわててふためくことになってしまいがちです。

客の剣幕に、その場から逃げだしたい思いもあって、ぞんざいな言葉遣いで対応などしようものなら、客の怒りはヒートアップするばかりです。

お客「ねえ、店員さん。ちょっとこれ見てもらえる？　さっきいただいたばかりで、開けてみたらこうなのよ。交換してくれるわよね？」

店員「えっ、交換ですか？　でも、一応確認してみませんと……」

お客「何を確認するのよ、見ればわかるでしょ、不良品よ。すぐ交換してよ」

でも…
しかし…
逆説の言葉は相手を怒らせてしまう！
なるほど
ごもっともです
おっしゃる通りです
ベストな言い回し

店員「しかし、原因を調べないことには、修理ということもありえるわけで」

お客「何が修理よ、交換してくれなかったらお金でいいから返してちょうだい」

この店員、すっかり客のペースに乗ってしまい、客の怒りを鎮めるどころか、反抗的な態度ともとれる言葉を連発して、ますますいらだちや怒りを増幅させる始末です。

客の言い分に「でも」「しかし」と、逆説的な言葉遣いで怒りの気持ちを刺激しています。

クレームを受けてしまったら、丁寧な言葉遣いで客に寄り添うように、共感を持った言葉であたらなければ、客の怒りは収まりません。

お客「ねえ、店員さん。ちょっとこれ見てもらえる？　さっきいただいたばかりで、開けてみたらこうなのよ。交換してくれるわよね？」

店員「申し訳ございません。あー、これはひどいですね」

お客「ねえ、ひどいでしょう。開けたらこうなのよ。交換してくれるわよね？」

店員「大変ご迷惑をおかけいたしました。在庫の確認をしてまいりますので、少々お待ちいただけますでしょうか？」

お客「ありがとう。大丈夫よ、今度は問題のないものにしてね」

「これはひどいですね」

「大変ご迷惑をおかけいたしました」

のような共感の言葉で、客の怒りは沈静化し、まともな会話が成り立つのです。

客が興奮して怒っているときに、「でも」や「しかし」を使うと客への反論や弁解ととられ、それだけで神経を逆なでしてしまうものです。

ただでさえ怒っているところに反論されたら、逆上するのもやむを得ないでしょう。

「でも」や「しかし」は、クレーム対応ではけっして使ってはいけない言葉として覚えておきましょう。

聞き上手に徹して客の怒りを鎮める

興奮状態で駆け込んできた客からクレームを受けてしまったら、まずは客の言い分を辛抱強く聞くことに徹します。

「なるほど」

「ごもっともです」

「お客様のおっしゃる通りです」

などの共感の相づちを打ちながら耳を傾けていると、それだけで客の気持ちも落ち着いてきます。

冷静な状態になったところで、はじめて状況を確認する作業に移ることができるのです。

興奮で混乱状態の客のペースに乗って相手になってしまうと、揚げ足をとられた挙げ句、話は思いもよらない方向へいってしまっていたなどということはよくあることです。

「大変ご迷惑をおかけいたしました」
「お客様のお気持ちに納得いたします」
「誠に申し訳ございませんでした」
「おっしゃる通りですね」
「ごもっともです」

などの言葉を駆使して客の話を聞いて対応していれば、かえってその後の解決への早道となるものです。

興奮状態にある客には、相づちを効果的に打つだけで共感していることがアピールできるのです。

興奮状態の相手に対して、共感の言葉がとっさに出てくるように、普段から使えるようにしておくようにします。

Point

1・クレーム対応で「でも」「しかし」は使わない
2・怒っている相手に対しての言葉遣いには注意する

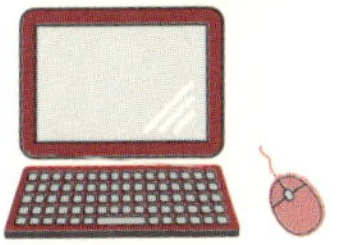

共感する言葉で客の怒りは鎮静化する!

鉄則38

「何をお望みでしょうか？」で主導権を握る

悪質クレーマーには切り返し言葉で対抗する

非がどちらにあるかにかかわりなく、クレームを言ってきた相手の言い分を信じて、不快な思いをさせている状況に謝罪と気遣いを表す言葉をかけなければなりません。仮に相手が悪質であったとしても同様に対処します。

というのも、この段階ではまだ相手が悪質かどうかの判断はつきません。ですから、どのような相手であってもクレームで怒ってきた場合には、謝罪とお詫びは絶対不可欠なのです。

相手が落ち着いたところでクレームが生じた経緯を聞き、相手が通常のクレームではなく、たちの悪い要求をしてくる悪質クレーマーであることが判明したなら、要求内容がなんであるのかを探ることに集中し、慎重な対応をしなければなりません。

悪質クレーマーの要求には応じないのが前提ですから、そうなると言葉の応酬となります。口の達者なクレーマーに対抗するには、テンポよく切り返しの言葉で応酬できなければ対抗できません。

次にいくつか例を挙げてみます。

クレーマー「おたくじゃ話にならないからさー、社長を出してよ、社長を！」

担当者「お客様。この件に関しましては私が

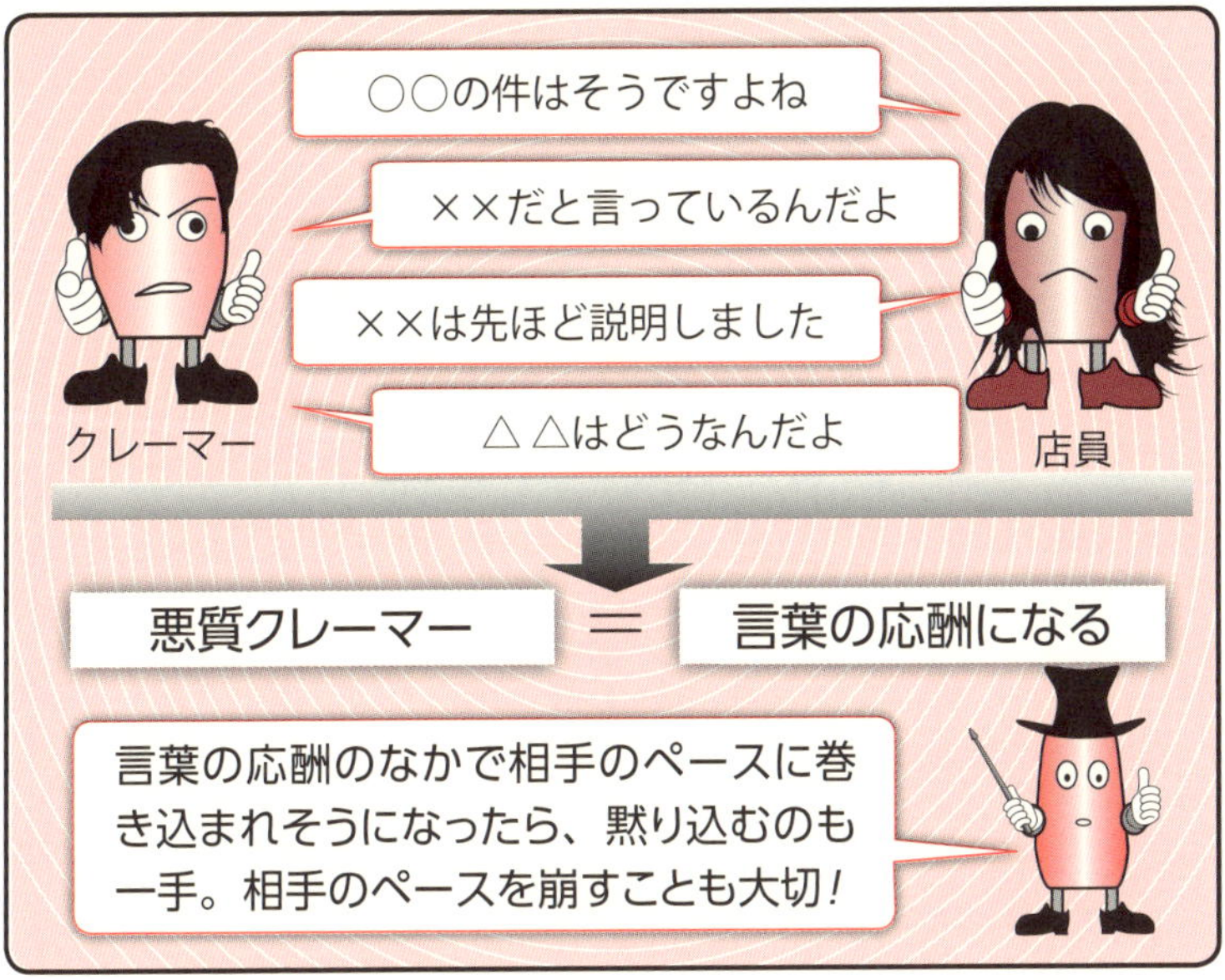
○○の件はそうですよね
××だと言っているんだよ
××は先ほど説明しました
△△はどうなんだよ
クレーマー
店員
悪質クレーマー ＝ 言葉の応酬になる
言葉の応酬のなかで相手のペースに巻き込まれそうになったら、黙り込むのも一手。相手のペースを崩すことも大切！

担当しておりますので、対応は私以外の者はありえません。なにとぞご了承くださいませ」

クレーマー「土下座しろよ、土下座したら許してやるからよ」

担当者「お客様、私に土下座を強要なさるのですか？　それは強要罪になりますが、よろしいでしょうか？」

クレーマー「訴えてやるぞ！　裁判ではっきりさせてやるからな」

担当者「お客様のご自由ですが、それで納得していただけるなら、私どももそれに越したことはございません」

クレーマー「謝ってすむと思ってんのかよ。どうしてくれるんだよ？」

担当者「では、どのようにしたらよろしいのでしょうか？」

クレーマー「言えばその通りにしてくれるってのかよ」

担当者「お客様のご要望として承らせていただきます。その上で当社内で判断させていただきます」

あくまで**丁寧な言葉遣いで、相手の要求にテンポよく切り返すのがポイント**です。

こうした切り返しの言葉を使うことで、悪質クレーマーもそれ以上の要求は無理であることを理解するのです。

会話の主導権を奪って優位に立つ

不当な要求をする悪質クレーマーはまともな客ではないと心得て、毅然とした態度で断らなければなりません。そのためにも、切り返しの言葉はとても大切です。

切り返しの言葉に業を煮やした悪質クレーマーが、暗に金銭での補償を要求するようなことになれば、今一度申し上げますが、

「これ以上、何をお望みなのでしょうか？」

と突きつけるのもよい方法です。

具体的な金銭要求を口にすれば、恐喝になることを知っている悪質クレーマーにとって、このように言われたら形勢は不利になり、何も言わず引きさがるしかありません。こうなればしめたもの。それまで優勢だった相手との関係が一気に逆転し、こちらが主導権を握ることになるのです。

悪質クレーマーといえども、追い詰められれば逃げださないまでも、悪質な要求はあきらめるしかないことを悟るでしょう。

悪質クレーマーを退散させるのは、相手にスキを与えない言葉はもちろんですが、テンポのよい切り返しにあります。普段から切り返しの言葉を使えるようにしておくことです。

黙して語らずも時には有効になる

相手のペースに乗せられそうになったら、黙っ

てしまうのもひとつの手です。

クレーマー「どうしてくれるんだよ…」
店員「はい……」
クレーマー「おい、聞いてるのか」
店員「……」
クレーマー「なんとか言ったらどうだ」
店員「はい……」

悪態も相手にそれなりの反応があるから成り立つもので、押し黙られてしまったら、とりつく島がなくなり、それまでのペースは乱れてしまうものです。

タイミングを見計らって黙ってしまえば、相手は一人相撲のようなものですから、いつまでもは続きません。

そのうちバツが悪くなって、仕方なく捨て台詞を残して立ち去るしかなくなれば、こちらのものです。

Point

1・悪質クレーマーには、切り返しの言葉で対抗する
2・切り返しの言葉は、当意即妙でテンポよく

悪質クレーマーでも、お詫びは不可欠！

鉄則39

堂々とした態度がクレーマーをあきらめさせる

気遣いや持ち上げる言葉をうまく使う

起きてしまったクレームには、どのような場合でも謝罪をしなければなりません。また、こちらに明らかに非がある場合には相手に解決策を提示し、受け入れてもらわなければ最終的な解決にはなりません。

クレーム処理をできるだけスムーズに進めるために使いたいのが、客に対する気遣いやちょっとした持ち上げの言葉です。

人間心理をついた気配りのある言葉によって、客は警戒心を解いて、交渉に応じてくれるというものです。

担当者「お客様、誠に申し訳ありませんでした。私どもも、今は大変な時期でして、ここはひとつこんなものでお許しいただけませんでしょうかね、これだと助かるんですけど」

お　客「何ケチくさいこと言ってんだよ。そんなはした金は受け取れないよ」

担当者「はした金？　うちにとっては精いっぱいなんですよ」

お　客「そんなこと知るかい。そっちが悪いんだから、納得できないね」

情に訴える方法では足元を見られて、要求はさらにエスカレートしてしまう可能性がありま

店側にとってできる範囲の最終的な提案を提示する
これでどうでしょうか?
ダメだな!!
これならどうでしょうか?
ダメだな!!
店員
クレーマー
最終的な提案を受け入れられない場合は交渉を打ち切る!
自分の要求がなかなか通らないクレーマーは暴言（違法な要求）を吐いたり、あきらめて撤退する傾向にある

す。やはり論理的に誠意を尽くして理解を求める言い回しが望ましいでしょう。

「誠心誠意の交渉をさせていただきました」

「精いっぱいの配慮をさせていただきました」

それに加えて、

「このような雨の中をわざわざお越しいただいて……」

「大変高価なお品物をご購入いただいているにもかかわらず」

などのひと言が客の自尊心をくすぐり、悪い気はしないものです。

担当者「お客様、このような雨の中をわざわざいらしていただきまして、誠に申し訳ございませんでした。私どもとしましては、ここまで誠心誠意の交渉をさせていただきました。当方の顧問弁護士とも相談いたしました結果、このような補償額となりました。精いっぱいの配慮をさせてい

ただいたつもりです」

お　客「まあ一生懸命やってくれたとは思いますよ。でもそっちが悪いんだからね、仕方ないでしょ」

担当者「高価なお品物を購入していただきましたのに、大変ご迷惑をおかけいたしましたことを申し訳なく思っております」

このように言われれば、客は自分のことを特別な存在として扱ってくれていると感じることで、解決への近道となるのです。

解決策を受け入れてもらえない場合

クレーム処理は、いかに誠実にかつ迅速に解決することができるかがカギとなります。

そのためにはおたがいがいがみ合った状態では、事はうまく運びません。客の立場や事情を理解し、歩み寄る姿勢が大切です。

それでも提示した解決策を納得してもらえない相手には、

「では、どのようにさせていただくのがよろしいでしょうか？」

と、こちらから質問をして相手に要求を出してもらうのがよいでしょう。

そこで理不尽な要求をしてくるようであれば、悪質クレーマーの可能性が高いので、その時点で相手はもう客ではありません。

悪質クレーマーには毅然とした態度で、不当な要求ははねのけなければなりません。

「これで納得していただけないようでしたら、交渉打ち切りとさせていただきます」

と、堂々と相手に伝えるしかなくなります。

それでもさらにいちゃもんをつけてきて、

「ネットに悪口を書くからな、いいのかよ」

と脅すようなことがあっても、

「お客様のご自由になさってください」

と開き直ってしまえばよいのです。悪質クレーマーであっても、それ以上のことはできないはずです。

何度も申し上げますが、**不当な要求には、断固として拒否の姿勢を貫くこと**です。

こちらが「ではどのようにしたらよろしいでしょうか？」と出した質問に対して、

「10万円出したら納得してやるよ」

などと具体的な金額を言ってきたら、これはまぎれもない恐喝行為にあたりますから、悪質クレーマーは言わないでしょう。

悪質クレーマーは法律ぎりぎりのところで、なんとか相手の判断で「今日のところはひとつこれで（お金）」と言わせようと、脅したり大声を出したりと躍起になるのです。

ここまでくると、相手との一種根くらべ状態ですが、相手が最終的に何を求めているのかがわかれば、オドオド、ビクビクすることはありません。堂々としていると「これはダメだな……」と、相手はあきらめるほかないでしょう。

Point

1・気遣いや持ち上げの言葉を使うとクレーム処理はうまくいく

2・納得しない場合には、相手に要求を出してもらう

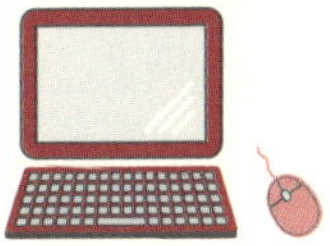

クレーム処理は客の自尊心をくすぐるような言葉をうまく使って気分よく進める！

鉄則40

オウム返しや沈黙作戦でクレーマーを撃沈させる

ともかく相手の戦意を喪失させる

クレームを言ってくる相手は、ほとんどの場合、興奮状態で怒りの感情がふくれあがっているものです。製品であれサービスであれ、怒りは自分の思っていた状況と現実との相違に対して向けられているのですが、とりあえずはクレームを受け付けた店員や担当者にあたり散らすことになります。

クレーマー「お前のところの店員は、人に台車ぶつけといてよー、申し訳ございませんのひと言かよ。いったいどんな社員教育してるんだよ」

担当者「大変失礼いたしました。私のほうからよく言い聞かせておきます」

クレーマー「あの店員はオレが教育してやるから、家へよこせ」

担当者「従業員教育は私どもの仕事でございますから……」

クレーマー「それがなってないから言ってんだろ、このボケ！」

台車をぶつけられた腹いせに、担当者に文句を言っているのですが、店員はきちんとお詫びの言葉を述べているようで、担当者としてはこれ以上の対応は必要ないと考えているようです。

○○する方法もあるだろ
○○ですか…なかなかいい案ですね
だから××しろって言ってるんだよ
××もいい案ですね
クレーマー
店員
オウム返しは相手の戦意を喪失させる
悪質クレーマーにはのらりくらりと質問をかわし、まともに取り合わない対応も効果的!

しかし、いちゃもんともとれるこうしたクレームは、まともに取り合うと二次クレームに発展する可能性も高いので、慎重に取り組まなければならないケースです。

これ以上、火に油を注ぐようなことにならないためには、いかに相手の戦意を喪失させるかがポイントになります。

クレーマー「お前のところの店員は、人に台車ぶつけといてよー、申し訳ございませんのひと言かよ。いったいどんな社員教育してるんだよ」

担当者「大変申し訳ございません。本人も心から反省いたしておりますので……」

クレーマー「あの店員はオレが教育してやるから、家へよこせ」

担当者「うちの店員をお客様が教育してくださるので、お客様のお宅へ行くのですね」

クレーマー「お客にはどう対応するか、教えてやるよ」
担当者「お客様が、対応の方法を教えてくださるのですね」
クレーマー「オレに教育されたら、いい店員になるぜ」
担当者「お客様に教育していただくと、いい店員になるのですね」
クレーマー「なんだよお前、変な奴だな。もういいわ、気をつけろよ」

客の言い分をそのまま、オウム返しのように繰り返してやると、進展のない話に面喰って、戦意を喪失してしまうのです。

文句をつけようにも、自分の言ったことを相手が繰り返しているのですから、なすすべがありません。結局捨て台詞を吐いて逃げるしかなくなります。

まともに取り合わないもうひとつの方法

悪質クレーマーは口が達者です。ああでもない、こうでもないと言い合っているうちに、言葉尻をとらえて自分のペースに持っていくのが狙いです。

常に自分のペースに巻き込もうとして、どこにスキがあるかと虎視眈々と狙っています。そこでうかつなひと言でももらそうものなら、待ってましたとばかりに相手のペースに乗せられ、気がついたらとんでもないことになっていた、なんてことも考えられます。

そこで、相手のペースに乗らず、うかつなひと言を言ってしまわないように、相手の言ったことに対して沈黙で応酬するのです。何を言っても答えなければ、手応えがないので自分のペースが維持できません。

「何黙ってんだよ、いい加減にしろよ」

とめこうが、下を向いて無言を決め込んでいれば、あきらめるより仕方ありません。

飲食店やスーパーマーケットなど、大勢の客がいる場所でこの沈黙作戦を展開すると、クレーマーの悪質ぶりが否《いや》が応でもクローズアップされ、何も言わずとも相手の気勢をそぐ効果は絶大です。

まともに取り合うより労少なくして功多い、クレーマー撃退法のひとつと言えるでしょう。

クレーマー「おい、わかったか?」
店員「はい、……」
クレーマー「なんとか言えよ」
店員「……」

クレーマーは、悪態をついてこそその存在感があるわけですから、これでは存在感どころかどうしたらよいか困惑するだけです。相手にならなければあきらめるしかありません。

Point

1・オウム返しで、クレーマーの戦意を喪失させる
2・沈黙の応酬で、クレーマーの気勢をそぐ

悪質クレーマーとまともにやり合うことは避ける!

鉄則41

「わかりましたか?」は怒りを買う禁句

うっかりした言葉遣いに要注意

クレーム対応の際に注意しなければならないのが、言葉遣いです。

クレームを持ち込んだ客はただでさえイライラした状態なので、そこでうっかり何気なく言った言葉が客の逆鱗《げきりん》に触れるようなことになれば、単なるクレームが「サービスが悪い」だの「従業員教育がなってない」だの、さらなるクレームを生まないとも限りません。

よけいなクレームを起こさないためには、言葉遣いには「うっかり」や「油断」などない細心の注意を払うようにしなければなりません。

お客「これ、さっき買ったんだけど、スイッチが入らないのよ。交換してくださる?」

店員「えーっ、おかしいなあ。そんなはずないんですけどねえ。あれ? 入らないや、壊れてるのかな?」

お客「だから、そう言っているでしょ。交換してよ!」

店員「お客さんの使い方に問題があったんじゃないすか?」

お客「失礼な人ね、私が悪いって言うの? 使い方が悪いから壊したって言いたいの? ひどいわね、あなたじゃダメよ。店長呼んでちょうだい!」

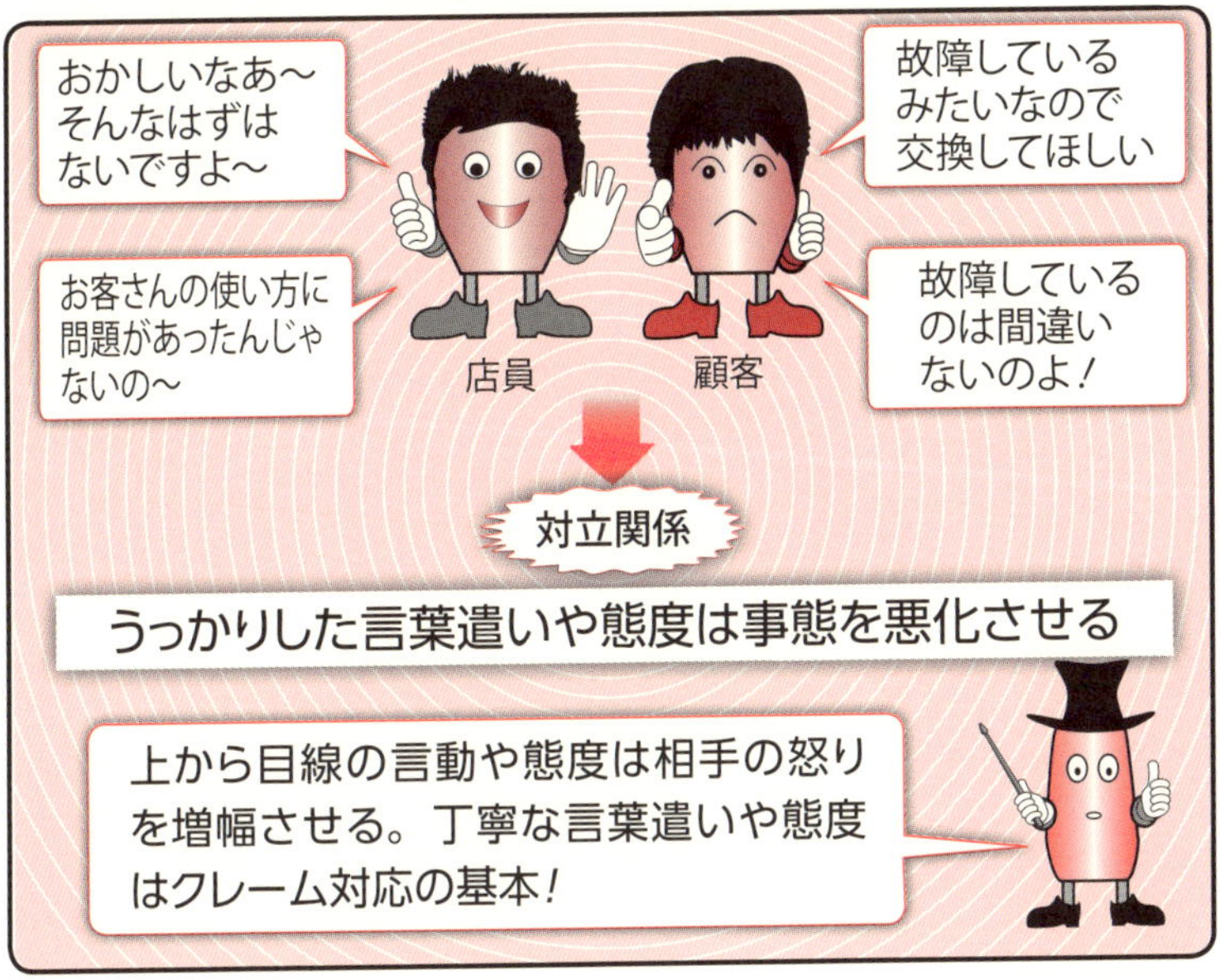
おかしいなあ～
そんなはずは
ないですよ～
お客さんの使い方に
問題があったんじゃ
ないの～
店員
顧客
故障している
みたいなので
交換してほしい
故障している
のは間違い
ないのよ！
対立関係
うっかりした言葉遣いや態度は事態を悪化させる
上から目線の言動や態度は相手の怒りを増幅させる。丁寧な言葉遣いや態度はクレーム対応の基本！

まるで客が壊したと言わんばかりの店員の態度に、穏やかな客もさすがにブチ切れてしまいました。

もし相手が悪質クレーマーだとしたら、

「そんなはずないってことは、オレが壊してウソを言っているってのか？」

と、揚げ足をとられること必至です。

「そんなはずはない」

「使い方に問題があった」

などの言葉は、はなっから客を信用していないニュアンスが感じられるので、絶対に言ってはいけないのです。

お客「これ、さっき買ったんだけど、スイッチが入らないのよ。交換してくださる？」

店員「お客様、大変申し訳ございません。スイッチが入りませんね、交換品を持ってまいりますので、お待ちください」

お客「ありがとう、よく見てくださる？　今度は大丈夫でしょうね？　いくらお安いからって壊れていたら使えないものね」

店員「はい、申し訳ございませんでした。こちらは大丈夫です」

最初の言葉遣いひとつで、通常クレームとしてあっさり解決できるものも、うっかり油断した言葉遣いのせいで、小さなクレームも大きくなってしまう危険性をはらんでいます。

「うっかりしてました」

などの弁解は通らないのですから、発言にはくれぐれも注意しなければいけません。

使ってはいけない言葉は日頃から押さえておく

言葉遣いは普段から使いなれていないと、とっさには出てこないことがあります。客相手の仕事は、言葉遣いによって印象が大きく変わりますので、クレームに限らず細心の注意を払わなければなりません。

言い訳や責任転嫁はもちろんのこと、客に「わかったよ」とタメ口をきいたり、曖昧な物言いや、上から目線の「わかりましたか？」のような言葉は避けるべきです。

新入社員教育でも営業職や客相手の部署では、言葉遣いを徹底的にたたき込まれるといいます。時として社の命運にもかかわるともなれば、注意せざるを得ないのが言葉遣い、と肝に銘じておくべきです。

特にクレーム処理の際に、意識して使ってはいけない言葉、いわゆる禁句があります。

「そんなバカなことはありませんよ」

「そんなことはないはずですけどね」

「使い方に問題があったんじゃないですか？」

「この手のものは、もともとその程度ですから、壊れても仕方ないんです」

などです。

これらの言葉をチェックしておくとともに、どのような言い方が良い言い方なのかも知って、良い言い方を普段から意識して使いこなせるようにしておくと、とっさのときにあわてることがなくなるものです。

参考までに、客が言われると気分がよくなる言葉を挙げておきます。

「大変ご面倒をおかけいたしました」
「お詫びの言葉もございません」
「今後は二度とこのようなことはないようにいたします」
「なにとぞお許しくださいますよう、お願いいたします」
「以後、このようなことのないよう肝に銘じます」

必要なところでタイミングよく、こうした言葉を使っていくと、客は気分がよくなりクレームの後処理もスムーズに行えるのです。

Point

1・客を信用していないような誤解を招く言葉は使わない
2・使ってはいけない言葉をチェックしておく

クレーム客にうっかりした言葉遣いや反論的な言葉は使わない!

鉄則42

「おっしゃる通りです」は同調する有効句

客を否定するような言葉は使わない

すでに解説した通り、「でも」「しかし」のような、弁解したり反論する言葉はもちろんですが、客を否定するような言葉の使用も避けなくてはいけません。

ただでさえ頭に血が上っている客に、否定するような言葉など投げかければ、人格を否定されたととられること必至です。そうなるとただのクレーマーが、悪質クレーマーに変貌を遂げることになるかもしれないのです。

お客「昨日、おたくで買ったきゅうりの漬物、賞味期限が切れていたわよ」

店員「えーっ、ウソでしょ、そんなバカな。うちは賞味期限切れは並べませんよ」

お客「ウソとか、バカって何よ！　失礼ね！　漬物とレシート持ってきてるのよ」

店員「ほんとですか？　これうちの漬物ですかねぇ」

お客「いい加減にしなさいよ。お金返してちょうだい。もう二度とおたくで買い物しないわよ。ものすごく失礼よ！」

これはひどすぎます。クレーム対応としては、最悪のケースといえるでしょう。

客に向かって「ウソでしょ」「そんなバカな」と、

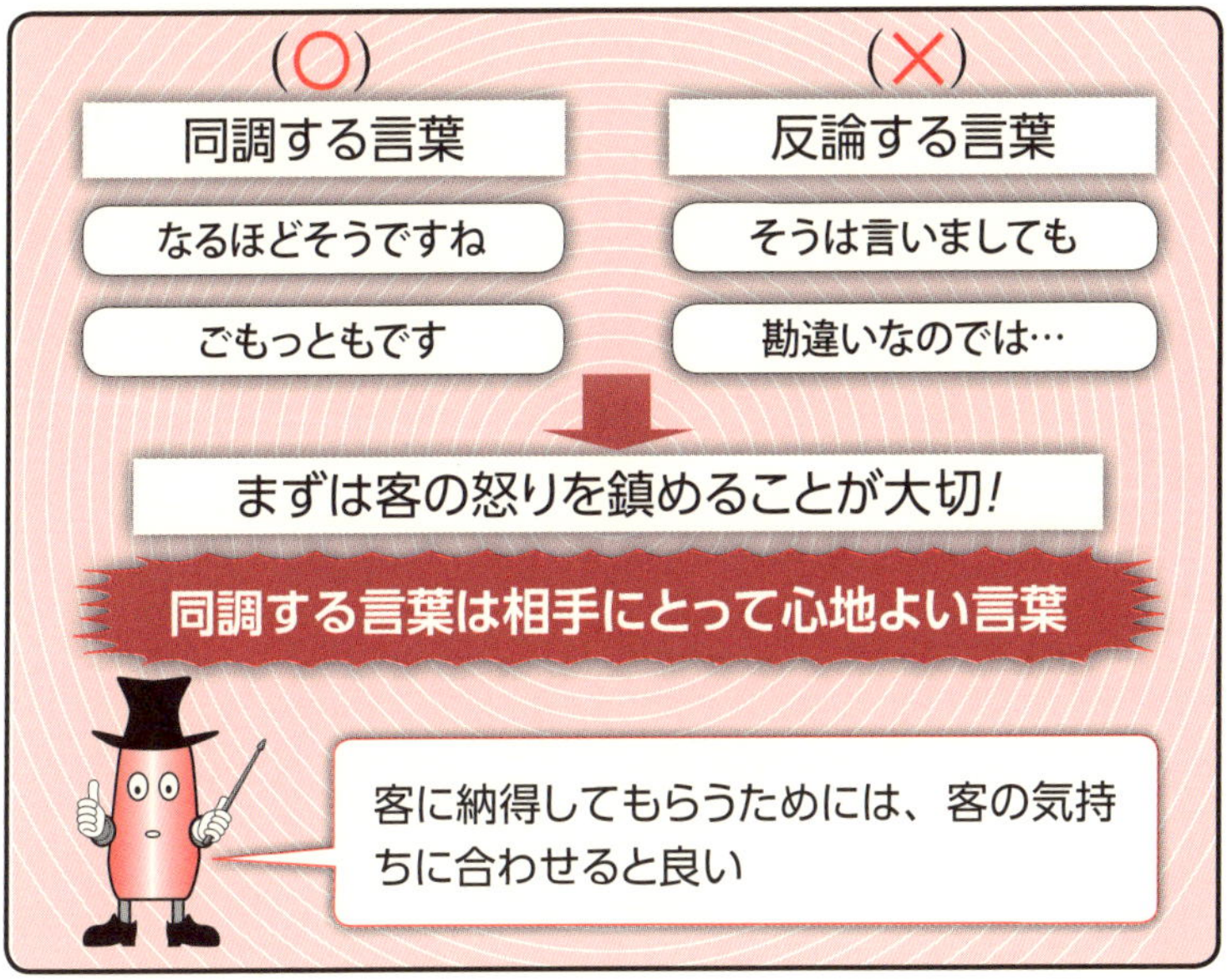
（○）
同調する言葉
なるほどそうですね
ごもっともです
（×）
反論する言葉
そうは言いましても
勘違いなのでは…
まずは客の怒りを鎮めることが大切！
同調する言葉は相手にとって心地よい言葉
客に納得してもらうためには、客の気持ちに合わせると良い

疑いと否定の言葉を平然と言っています。

「うちは賞味期限切れは並べませんよ」

と居直って、

「ほんとですか？　これうちの漬物ですかねぇ」

に至っては、まるで客がウソを言っているといった言い方です。

この客は、

「おたくでは二度と買い物はしない」

と言って立ち去っていますが、悪質クレーマーならチャンスとばかりに、

「ウソだのバカだのって、お前、客に向かってたいしたもんだな。どうしてくれるんだよ！」

と、大きなクレームへと発展する可能性大です。

クレームをできるだけ小さいうちに処理するためには、初期対応から客に同調する言葉を使って、客の言い分をよく聞くべきなのです。

お客「昨日、おたくで買ったきゅうりの漬物、

店員　賞味期限が切れていたわよ」

「えーっ、それは大変申し訳ございませんでした。すぐに返金させていただき、新しいものをお持ちいたします。それで、お客様はお召し上がりになられたのですか？」

お客　「ちょっと食べたら、いつもと味が違ったから日付けを確認したら、賞味期限が切れていたのよ」

店員　「そうでしたか。それでお腹をこわされたりということはございませんでしたか？」

お客　「大丈夫みたい、でも気をつけてね……」

店員　「はい、お客様にはご迷惑をおかけしてしまい、本当に申し訳ございませんでした」

最初から客の言い分をよく聞き、同調する姿勢で対応することで、怒りも収まり、まともに会話ができるというものです。

この客は、店の不注意を指摘しているのですから、謙虚に受け止めるべきです。

客に同調する言葉で対応する

クレームを言ってきたなら、まず相手を信じて、客のおかれた状況に同調する言葉で対応するのが第一です。

客はクレームを言ってくる時点で気分を害する理由があったはずなので、その不快にさせたことに対し、相手の立場になって同調しなければなりません。

客の怒りに気圧《けお》されて動揺してしまうと、相手の立場になって考えるどころか、少しでも早くクレームから逃れたいと思いがちですが、気をつけないと足元を見られ、さらに大きなクレームへと発展してしまいます。

客は不快になった気分を理解してもらえなければ、怒りは賞味期限切れの商品にだけではなく、店全体、サービス全体に対しても不信感を持ってしまうことになるからです。

「それはひどいことですね」
「おっしゃる通りです」
「なるほど」
「ごもっともです」

などの同調の言葉をはさみながら、客の話を誠意ある態度で聞くことがともかく大切なのです。

ここにクレームを経験したことのある人に尋ねた、ある調査結果があります。

その質問では、クレームを処理する際に一番好感が持てた対応はどのようなことでしたか？と聞いています。それによると、

「会社の規約ではダメなことを、私のために特別にオーケーしてくれたことがうれしかった」

というものでした。客は同調を望んでいるのです。自分の言ったことが否定的にとらえられることには耐えられないのです。

客に満足を得てもらうには、客に同調する姿勢が最も大切なことがわかります。

Point

1・客を否定したり、疑うような言葉は使わない

2・客には、誠意ある同調の言葉で対応する

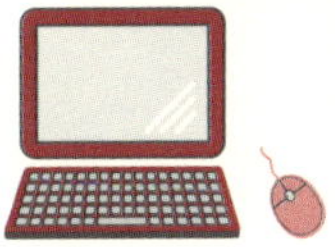

誠意ある同調の言葉は、客の怒りを鎮め、早期解決への近道となる！

鉄則43

クレームは全社で取り組み共有する

「言った」「言わない」の水掛け論は意味がない

クレームを訴える客が、どれだけ怒りを内に秘め興奮しているかは、これまでに何度も述べてきました。

怒りの矛先はともかく応対者に向かって炸裂するのですから、応対者は細部にわたって注意深く、客の言動をチェックしておくことが大切です。

意味のない「言った」「言わない」を避けるためには、問題点をメモすることも必要なときがあるかもしれません。

これは簡単にできそうで、なかなか実践で活用している人がいないので、あえてもう一度言わせてもらいました。

お客「店長さんですか？ 先ほどお電話をしました○△です。品物を持ってきたから見てちょうだい。食べようと思って開けたらこんななのよ。これは食べられないでしょ？」

店長「ああ、これはまずいですね。でもお客様、先ほどのお電話では、開けたのは数日前で、冷蔵庫に入れておいて食べようと思ったらこのようになっていた、とおっしゃいましたが？」

お客「そんなこと言ってないわよ。あなたの聞き間違えでしょ？ 開けたらこうだったの

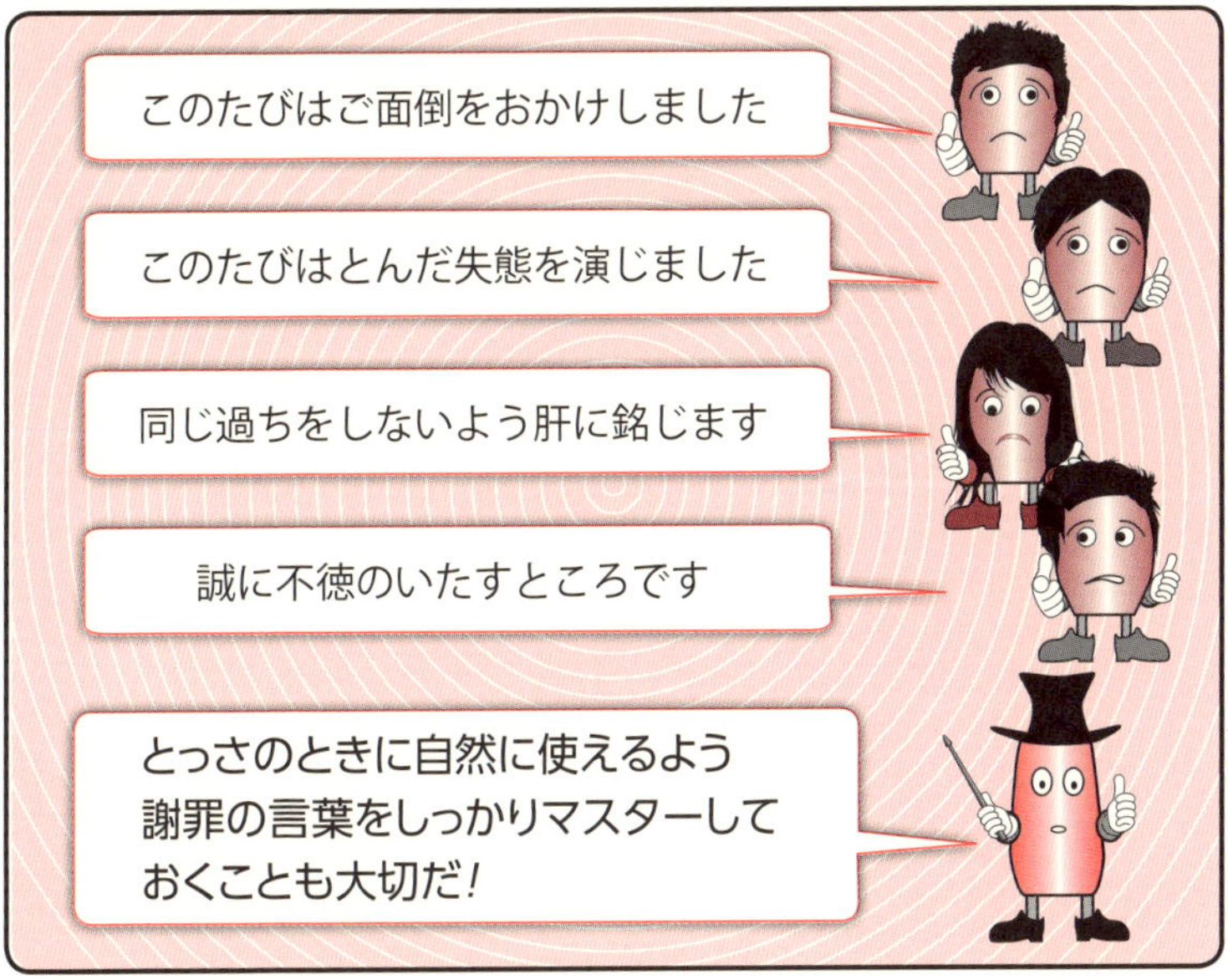
このたびはご面倒をおかけしました
このたびはとんだ失態を演じました
同じ過ちをしないよう肝に銘じます
誠に不徳のいたすところです
とっさのときに自然に使えるよう謝罪の言葉をしっかりマスターしておくことも大切だ！

よ」

店長「はあ、でもお電話でのメモにはそのように……」

お客「そんなこと知らないわよ！」

メモをとったところで「知らないわよ」と言われてしまったら、結局は「言った」「言わない」の水掛け論になってしまい、かえって相手の怒りを助長してしまうだけです。

そうしたことを避ける目的で、最近では電話をかけると自動的に、

「お客様のお電話はすべて録音させていただきます」

と、最初にアナウンスが流れる企業も増えています。

客に「言った」「言わない」「そういう意味じゃない」「言ったことを曲解している」と言われれば、店側としてはそれ以上食い下がるのはなんの得にもなりません。

そこで必要なことは、いかにして証拠を残すかということになります。

お客「店長さんですか？　先ほどお電話をしました○△です。品物を持ってきたから見てちょうだい。食べようと思って開けたらこんななのよ。これは食べられないでしょ？」

店長「大変申し訳ございませんでした。お客様、本日のお話はすべて録音させていただきますのでご了承くださいませ。

こちらはご開封いたしましたら2日で召し上がっていただくように明記してありますので、そちらを守っていただかないことには私どもといたしましても、責任のほうは……。

今日のところは商品のお取り換えということで対応させていただきますが、よろしいですか？」

お客「いいわよ、これが食べたいのに食べられないから困ったのよ。取り換えていただけたらそれでいいのよ。開封したら2日以内なのね？」

消費期限を確認していない客に明らかに問題がありそうですが、いつ開封したのかは本当のところはわからない以上、店としてはこのような対応で事なきを得るしかないでしょう。

クレーム処理はできるだけオープンに

では、メモをとったところで意味をなさないとしたならば、どうしたらよいのでしょうか。ひとつの方法として、電話や交渉の内容を録音することを挙げました。

一般的にクレーム処理は生産性のない、企業内の尻拭い的性格の強い部署と考えられがちなので、担当者一人に任せきりになりがちですが、対応はできるだけオープンにして複数人で取り組むのが望ましいのです。

　特に相手がたちの悪いクレーマーの場合には、担当一人での対応はやめたほうがよいでしょう。短期で解決するならまだしも、長期間にわたる交渉にでもなれば、一人で解決するのは精神的にも肉体的にも負担が大きく、追い詰められてノイローゼになるケースも現実に起こっています。そうならないためにも、複数人で連携をとる態勢は必要です。

　また、実際のクレームはどのようなものなのか、どう解決しているのかなどを全社員にフィードバックしてオープンにすることで、クレームを最小限に食い止めるための参考にしたり、元から断つ工夫もできるのではないでしょうか。

　消費生活センターなどで扱うクレーム件数は、毎年その数を増やしているのが実態です。

　あらゆる業種・業態でトラブルが発生し、クレームとなっていることを考えると、クレームの芽はできるだけ早く摘むことです。

Point

1・水掛け論は、店にとってプラスにはならない

2・クレーム処理はオープンにすることで、メリットは大きい

クレーム担当者を孤立させないこと！

鉄則44

謝罪の言葉を繰り返して二次クレームを回避

悪質クレームと通常クレームの違いを見抜く

クレームを言ってきた相手が、乱暴な言葉で怒鳴っていたとしても、それで悪質クレーマーであるとは言えません。反対に大声も出さずに低い声で理路整然とクレームを言ってきたとしても、それだけで悪質クレーマーではないとも言えないのです。

悪質かそうでないかを見極めるのは、客の声や態度ではなく、要求内容によります。要求はさまざまですが、その内容が不当なものであるか、または常識的範囲を超えた要求かどうかが、見極めのポイントとなります。

お客「すいませーん。これ、この間購入したんだけど、サイズが合わないから返品したいんだけどー、レシートも持ってきました」

店員「はい、お待たせいたしました。こちらのジャケットですね、お客様、こちらは先週当店で行いましたセールの商品ですね？　こちらは、レジでも当日お話ししたかと思いますが、ご返品はできかねますが」

お客「あら、そんなのはじめて聞いたわよ。それに、サイズが違うんだからしょうがないわよね。うっかり間違えちゃったんだもの、返品してくれるのが当たり前でしょ。早くしてよ、あなたでダメなら店長を出してよ」

店員「そうおっしゃられましても……」

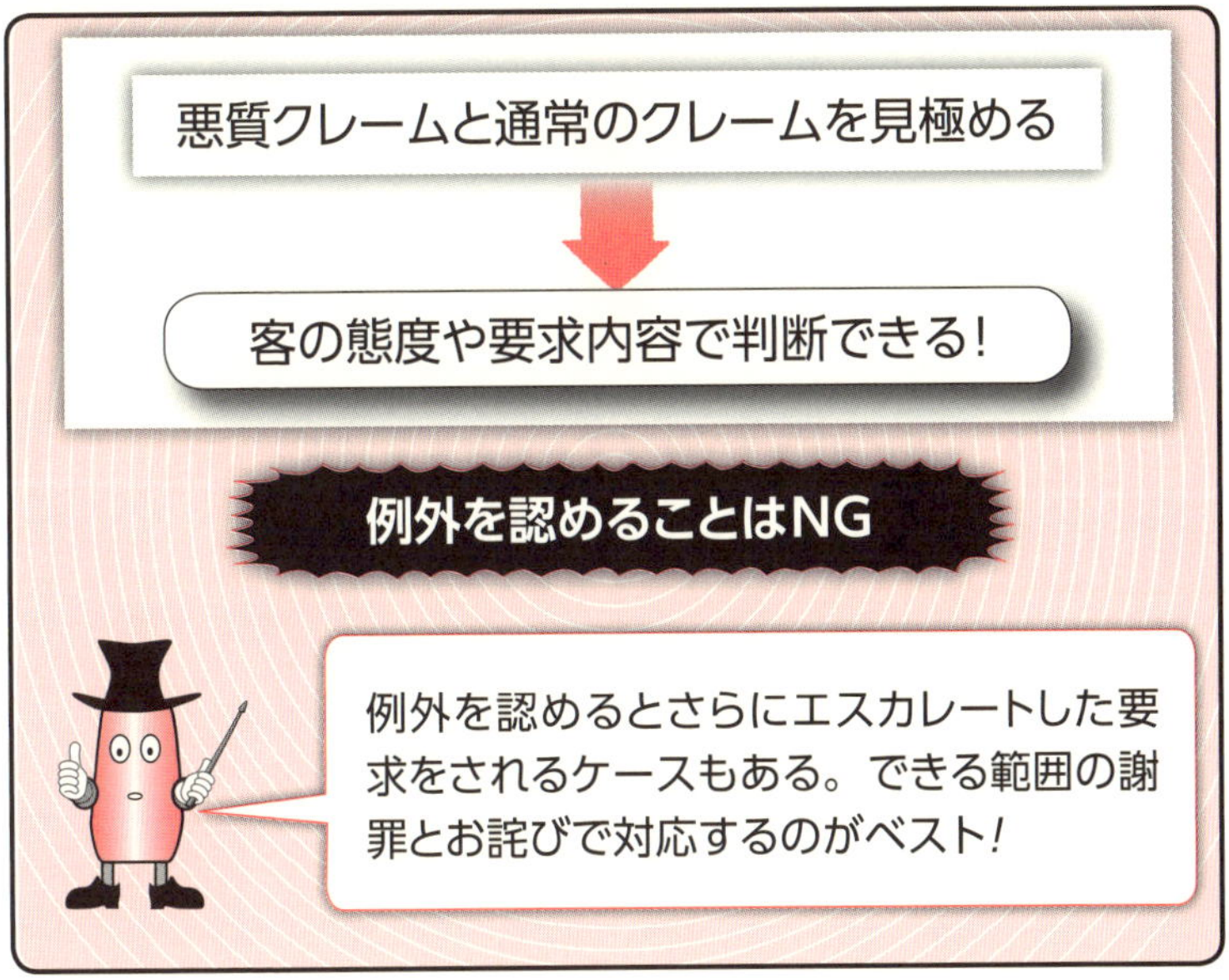
悪質クレームと通常のクレームを見極める
客の態度や要求内容で判断できる！
例外を認めることはNG
例外を認めるとさらにエスカレートした要求をされるケースもある。できる範囲の謝罪とお詫びで対応するのがベスト！

衣料品を扱う店ではよく見かける図々しい客ですが、ルールも無視して理屈の通らない不当な要求を、ほかの客の前で自分勝手に主張しています。まさに悪質クレームに該当するケースです。

このように悪質クレームであると判断したら、けっして相手の要求に屈してはいけないのです。

お客「すいませーん。これ、この間購入したんだけど、サイズが合わないから返品したいんだけどー、レシートも持ってきました」

店員「お客様、お待たせいたしました。こちらのジャケットですね。お客様、こちらは先週当店で行いましたセールの商品ですね？　大変申し訳ございませんが、こちらは、レジでも当日お話ししたかと思いますが、ご返品はできかねますが……申し訳ございません」

お客「そんなことはじめて聞いたわ。でもサイズを間違ってしまったのだから、返品してもらわないと。申し訳ないと思ったら返品してよ、早く！」

店員「誠に申し訳ございません。こちらの品は返品・交換不可ということで販売したものですので、ご返品はお受けできません。申し訳ございません」

謝罪の言葉を繰り返し不当な要求を断る

客のクレームが通常のものなのか、常識の範囲を超えている悪質なものなのかを判断したら、それによって対応を決めます。

通常のクレームであれば要求に応じて解決できますが、悪質なクレームであることに気がついたら、要求には応えられないことへのお詫びを繰り返して謝罪をします。

その間に客の要求内容がどのようなことなのかを探り、対応をどうするかまでを考えなければなりません。

「早くしてよ」

「店長を出しなさい」

などとわめいたとしても、悪質なクレームには、ひたすらお詫びの言葉と謝罪を繰り返してお断りするしか方法はありません。

仮に一度でも例外を認めてしまったなら、以後例外は前例となって、

「あのときはよかったのに、今回はどうしてだめなの？」

「あの人の場合はよかったのに、私はなぜだめなのかしら？」

などのクレームを、今後も誘発する原因となるからです。

一度許すと、次回にまた「ゴリ押しすれば大丈夫だろう」と、思わせることにもつながりかねません。

悪質クレーマーには絶対に屈しないという強い姿勢が、後々のためにも大きく影響するものであることを知っておかなければなりません。

この手の客には「セール品は交換・返品はできません」と、何度繰り返しても聞く耳を持ちません。

金銭を目的にしているわけではありませんが、できないものを無理やり返品してお金を返すよう執拗に言うところは悪質です。

「サイズを間違ったのはお客様です」と言いたいところですが、それを言えば間違いなく「お客をバカにしている」「社員教育がなっていない」などと二次的クレームに発展することが予想されます。

こうしたケースでは、繰り返し「申し訳ありません」と言って、深く頭を下げて態度で申し訳ない姿勢をとり続け、相手があきらめるのを待つしかないようです。

Point

1・悪質クレームには、謝罪とお詫びでお引き取り願う

2・例外を認めると、前例となるので認めない

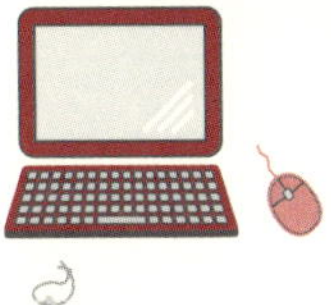

悪質クレームの要求には屈しない強い姿勢を貫く!

鉄則45

質問攻めでクレーマーの要求をあぶりだす

相手の要求がなんなのか質問を繰りだしてみる

テンポのよい切り返しの言葉が、悪質クレーマーを黙らせる有効な方法であることは述べましたが、それでもなおかつ不当な要求でごねるような相手に対しては、どのように対処したらよいのでしょうか。

悪質クレーマー「お前のところの店員のせいで2週間も病院通いしたんだからな。それでもまだひびの入ったところが痛むんだ」

店長「その節は大変申し訳ございませんでした。本人にはよく注意をしておきました。お医者様の所見によって、お見舞い金も出させていただきましたので、今後は病院の治療費のお支払いのみということで、お話がついているはずですが……」

悪質クレーマー「今もまだ痛むんだよ、これはどうしてくれるんだよ」

店長「どうするとおっしゃられても……」

すでに、病院の治療費をせしめていながらごねるということになると、相手はさらなる金銭

「何をお望みですか？」
効果的に使えるこのフレーズ
クレーマーに質問を繰り返して追い詰める
それは どういう意味 ですか？
それは なぜで しょうか？
それは どういうこと でしょうか？

の補償を求めているとしか思えません。

ここはあえて相手の要求がどこにあるのか、具体的な答えを引きだすための質問を矢継ぎ早に繰りだすことで探ってみるのです。

悪質クレーマー「お前のところの店員のせいで2週間も病院通いしたんだからな。それでもまだひびの入ったところが痛むんだ」

店　長「その節は大変申し訳ございませんでした。本人にはよく注意をしておきました。私どもとはすでに、お話は終わっているものと思いますが、これ以上どうご希望されるのでしょうか？」

悪質クレーマー「そんなことわかるだろうが！」

店　長「申し訳ありませんが、おっしゃっていただかないことにはわかりませんので、何をお望みですか？」

悪質クレーマー「何をお望みって、考えればわかるだろ？　誠意だよ、誠意」

店　長「誠意は十分に尽くさせていただいているつもりですが、お客様のおっしゃる誠意とは、具体的にどのようなものでしょうか？」

悪質クレーマー「む、む、む……」

望むものが金銭であるとは答えられません。仮に「10万円で許してやるよ！」などと言えば、恐喝未遂罪（刑法250条）、あるいは恐喝罪（刑法249条）になることを、悪質クレーマーはよく知っています。だからこそ法律ぎりぎりのところで大声で脅し、相手の判断で金銭を差しださせようと躍起になるのです。

なぜごねるのか、その理由がわかってしまえば、何を怒鳴られようがわめかれようが、怖くはなくなります。

「いつまでもやってなさい……」など、余裕すら出てくるものです。

こちらが怖がって相手の言いなりになる、と思ってやっているのですから、脅されようが大声を出そうが、思い通りにならないところを見せればよいのです。

しばらくの間我慢してやりすごしてしまえば、やがて相手はあきらめるしかないことを悟ります。

質問を繰り返すことで主導権を取り返す

言い換えるなら、

「ぶっ殺すぞ！」

「土下座しろ！」

「殴られてーのか！」

などの言葉をクレーマーから引きだすことができたなら、形勢は逆転します。

悪質クレーマーは、法律を熟知しているケースがほとんどです。彼らにとってはどれもＮＧ

ワードのはずですが、興奮のあまり勢いに乗ってつい口走ってしまったなら、そのときはしっかり受け止めて「警察を呼びます」などのように、こちらのチャンスとするべきです。

そのためにも理不尽なことを言う相手には、

「それはどういう意味でしょうか?」

「それはなぜでしょうか?」

「それはどうしてでしょうか?」

と、質問をすることが攻めの一手となるわけです。守るばかりであったこちらが、それによって相手を攻めることになり、立場が逆転するのです。

究極のところ、われわれの生活は法律や刑法によって守られているのですから、悪質なクレーマーなど怖れることはないのです。

とはいうものの、クレーマーの悪質さは巧妙さを増していることも事実ですので、常にクレーマーの実態には関心を持って注意深く見ていく姿勢は必要になるでしょう。

Point

1・悪質クレーマーの要求がどこにあるのかを探る

2・質問を繰り返し、悪質クレーマーを追い詰める

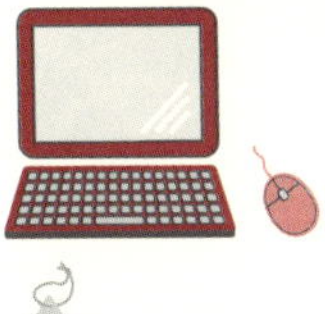

ごねる相手は、結局金品を狙っている!

Column VII

酒が入ると
些細なことが原因で
大きなトラブルに発展

飲食店はクレームの多い業種のトップ３にランクされています。異物混入から、酒で衣服が汚された、メニューの誤記など、業態特有のクレームが多発しています。しかし客のクレーム内容はきわめて明確で、迅速な対応によって解決できるケースが多いようです。

その中で特に目立つケースは「店員の接客態度の悪さ」「注文した料理や飲み物が遅い」の２点でしょう。

アルバイト教育があまりされていない店では、言葉遣いが乱暴な店員もいます。つい苦言を呈すると、露骨に嫌な顔をされたりします。後からきた客のほうに、先にオーダーした料理が届いたりした時も同様にいい気分にはなれません。また「こちらのお皿をお下げしてよろしいでしょうか？」と盛り上がっている話の最中に割り込んできたり、まだ料理が残っているにもかかわらず下げようとする店員なども実際にいます。酒が入るとつい気持ちも大きくなり大きなケンカにもなりかねません。挙げ句の果てには警察沙汰にまで発展したケースもあります。飲食店でのトラブルの原因はほんの些細なことが多いのです。

参考文献

『悪徳商法・詐欺と騙しの罠 ― 悪徳業者の巧妙な手口と、トラブルの対処法』（紀藤正樹著／日本文芸社）
『アドラー心理学 ―人生を変える思考スイッチの切り替え方―』（八巻秀著／ナツメ社）
『インターネット犯罪大全』（紀藤正樹著＆井上トシユキ構成／インフォバーン）
『うっかり使うと恥ずかしい敬語』（大谷清文著／ダイアプレス）
『賢く人を操れる「ブラック」会話術』（神岡真司著／三笠書房）
『必ず黙らせる「クレーム」切り返し術』（神岡真司著／日本文芸社）
『「クレーム」相手が引き下がる対応のコツ』（神岡真司著／日本文芸社）
『「クレーム」切り返しの技術』（神岡真司著／日本文芸社）
『クレーム処理のプロが教える断る技術』（援川聡著／幻冬舎）
『クレーム対応の基本が面白いほど身につく本』（舟橋孝之著／中経出版）
『クレーム電話よい応対はここが違う！』（古谷治子著／かんき出版）
『心を透視する技術』（伊達一啓著／三笠書房）
『初期対応から解決まで　速習クレーム対応』（古谷治子著／日本実業出版社）
『店長とスタッフのためのクレーム対応　基本と実践』（間川清／同文館出版）
『となりのクレーマー ―「苦情を言う人」との交渉術』（関根眞一著／中央公論新社）
『人は心理学で永遠に幸せになれる』（村松奈美著／ワニブックス）
『プロ法律家のクレーマー対応術』（横山雅文著／PHP研究所）
『ヤクザに学ぶクレーム処理術　必ず勝てる14の鉄則』（山平重樹著／祥伝社）

企画・制作／株式会社東京出版企画
編集協力／株式会社モデリスト
オフィス・スリー・ハーツ
カバーデザイン／若林繁裕
本文DTP／松下隆治

●監修者略歴
紀藤正樹（きとう・まさき）
1960年11月21日、山口県宇部市生まれ。弁護士。リンク総合法律事務所所長。大阪大学法学部卒。同大学院博士前期課程（憲法専攻）修了。法学修士。第二東京弁護士会消費者問題対策委員会、弁護士業務妨害対策委員会、非弁取締委員会の委員長を歴任。
全国安愚楽牧場被害対策弁護団団長などの各種消費者被害対策弁護団の団長、警察大学校の講師もつとめている。市民の立場から、一般の消費者被害はもちろんのこと、宗教やインターネットにまつわる消費者問題、被害者の人権問題、児童虐待問題などに、精力的に取り組んでいる。著書に『マインド・コントロール』（アスコム）、『失敗しないネットショッピング』（岩波新書）、『悪徳商法・詐欺と騙しの罠―悪徳業者の巧妙な手口と、トラブルの対処法』（日本文芸社）、『電脳犯罪対策虎之巻―ネットワークの新ルール』（ベストセラーズ）などがある。

●執筆者略歴
大谷清文（おおたに・きよふみ）
1963年4月22日、群馬県出身。大学卒業後出版社に入社。漫画雑誌、競馬雑誌の編集長を経て、書籍編集業務に従事。その後独立してフリーに。著書に『貧困からの大脱出 ディートンの経済理論』（徳間書店）、『うっかり使うと恥ずかしい敬語』『もっと知りたい 世の中のしくみ』（ダイアプレス）がある。

大山 高（おおやま・たかし）
帝京大学経済学部経営学科専任講師。大学卒業後三洋電機に入社。コーポレートコミュニケーション部配属。2005年よりJリーグ・ヴィッセル神戸、広告代理店・博報堂にて宣伝広報業務に従事する。立命館大学大学院経営管理研究科修了。経営学修士（MBA）取得。

理不尽な要求を黙らせる
最強のクレーム対処術
2016年3月7日　初版　第1刷発行
2016年5月14日　初版　第2刷発行

監修者	紀藤正樹
発行者	木村通子
発行所	株式会社 神宮館
	〒110-0015　東京都台東区東上野1丁目1番4号
	電話　03-3831-1638（代表）
	FAX　03-3834-3332
印刷・製本	誠宏印刷 株式会社

ISBN　978-4-86076-251-3
Printed in Japan
神宮館ホームページアドレス　http://www.jingukan.co.jp
1650210